明徳義塾・馬淵史郎のセオリー

勝つ確率を
上げる法則83

田尻賢誉
Masataka Tajiri

ベースボール・マガジン社

明徳義塾・馬淵史郎のセオリー

勝つための確率を考えて采配
を振る馬淵監督。頭を使った
野球を選手に徹底させて戦う

徳

勝つ確率を1パーセントでも増やす策を選択する

馬淵史郎のセオリー **1**

すべては、確率なのだ。

勝つために、1パーセントでも確率の高い策を選択する。それが、監督の役割。もちろん、あの試合もそうだった。

1992年8月16日、夏の甲子園2回戦の星稜戦。相手の四番打者はのちにメジャーリーグの名門・ヤンキースで四番を打つことになる松井秀喜だった。その年の春のセンバツでは開幕戦で2本塁打を放つと、2回戦でもライトスタンド中段に放り込み、大会タイ記録となる1大会3本塁打を記録。甲子園のラッキーゾーンが撤去された直後の大会ということもあってインパクトは強く、スポーツ紙ではすでに〝ゴジラ〟のニックネームがついていた。馬淵監督は松井の印象をこう話す。

「対戦前に神戸製鋼のグラウンドでの練習と1回戦の長岡向陵戦を観たんよ。松井だけプロがいるという感じやった。それとオーラがあったね。なんともいえないドシッとしたものがあった」

一方で明徳義塾は投手陣に不安を抱えていた。エースの岡村憲二は右ひじ痛で高知県大会も2回3分の2しか投げていない。ベンチ入り15人のうちの5人を投手に使う状況で、星稜戦のマウンドを任された河野和洋は背番号8の野手兼任の投手だった。星稜はエースの左腕・山口哲治もプロから注目されていた好投手。多くの得点は望めない。2失点以下に抑えるためには、松井との勝負を避けるのが賢明な判断といえた。試合後のインタビューで馬淵監督はこう言っている。

「いさぎよく勝負したいところですけど、松井くんのあとの下位がそんなに振れるバッターがいない。確率の問題で勝負を避けたということです」

明徳義塾の監督に就任する以前に、社会人野球・阿部企業の監督として日本選手権準優勝の経験がある馬淵監督。選手の力関係、チーム力を見る目は確かだ。その経験から、勝負するのは得策ではないと判断した。

1回表二死三塁でまわってきた第1打席、一死二、三塁でまわってきた3回表の第2打席は得点圏に走者がいるうえに一塁があいている。ここまでの敬遠は観客も納得せざるをえない。だが、一死一塁だった5回表の第3打席も敬遠したことで雰囲気が変わった。さらに、7回表。二死走者なしの場面も歩かせたことで球場は騒然となる。明徳1点リードで迎えた9回表二死三塁での敬遠後は、星稜側のアルプススタンドからメガホンが投げ込まれ、試合が一時中断するほどの騒ぎになった。試合は3対2で明徳が制したが、この5敬遠で馬淵監督は批判の的にされることになる。試合後は高野連が会見を開き、明徳の宿舎には抗議や嫌がらせの電話が相次いでかかった。警官やパトカーも出動し、テレビのワイドショーでも取り上げられる社会問題になった。

確かに、高校生のスポーツとしてはやりすぎという意見はあるかもしれない。スタンドや周囲からの心ないヤジに心を痛めた選手もいたのは事実だ。だが、スポーツとして、試合に勝つための作戦として考えれば、決して責められるものではない。

「監督がデータのないギャンブルしたらいかんのよ。データもないのに作戦を出したら、ただの賭けでしかない。指揮官は常に選択を迫られてる。間違ったら全員が失敗する。セオリー、確率、経験、選手の力関係……すべてが判断の基準。だから、奇襲になったり、正攻法になったりする。奇策もその裏にセオリーがあるから奇策なんよ」

前年夏の甲子園でも4強入りし、優勝候補にも挙げられていた星稜の勝ちパターンは松井が打点を挙げること。上位打線が出塁し、松井が長打で還す。これでチームに勢いが生まれると下位の打者まで打つようになる。弱者が強者に勝つためには、相手の得意パターンに持ち込ませないことが必須。これができれば、相手の心理面に影響を与えることができる。

「『おいおい、これは最後まで勝負してくれんのと違うか』と思わせる。そうすれば、いつもと違う雰囲気にさせることができる」

いくら強豪といっても高校生。精神面が崩れれば、本来の力を発揮できなくなる。馬淵監督としては、そこまで考えての策だったのだ。思いつきで実行した作戦とはわけが違う。

「勝負事は数字に弱いと勝てないんよ。あのときは、敬遠するリスクと長打が出るリスクとを考えた。松井と勝負するならインコースしかない。でも、詰まってもホームランの確率があった。敬遠はもっとも無難な作戦やと思うけどね。アウトコースに外すんでも、くさいところをついて『フォアボールでもいいや』という感じでやるなら、完全に肚を決めてやったほうがいい。盗むや刺すや殺すや死ぬという言葉が出てくるスポーツが野球。ただひとつ、敬うという言葉が出てくるけど、それは敬遠しかないんよ」

相手を敬う敬遠は無条件で出塁を許すというリスクを負う。敬遠したあとにどうするかまで考えておかなければいけない。

「実は、松井に盗塁されると嫌だった。足も速かったからね。彼の足とウチのキャッチャーの肩を考えると走られる。1打席目（二死一、三塁で一塁走者が松井）で盗塁をしてきたら、戦い方が変わっていたかもしれんね。選手には『ケースによっては、盗塁されたら次のバッターを敬遠してええ』って言っとったから」

5敬遠は奇策といえるかもしれない。だが、ここまで考えているから実行できる。馬淵監督にとっては特異な作戦ではあっても、奇策ではないのだ。

「確かに、みんながやることをやってれば勝つことは多いかもわからん。でも、『オレの中の確率』とでも言うんかな。他の人がやらないことをやる選択もあるんよ」

実は、2012年夏の高知県大会決勝・高知戦でも馬淵監督は同じ打者を5度歩かせている。敬遠した打者は四番の法兼駿。前年秋は事実上のセンバツ出場がかかった四国大会準決勝で対戦し、4対4で迎えた9回表に決勝の3ラン本塁打を浴びている。法兼は夏も好調で準々決勝、準決勝で2試合連続本塁打を放っていた。

秋に本塁打されたのは内角球。試合前から外角攻めを指示した。第1打席はフルカウントから四球、3回一死一塁でまわった第2打席はカウント2―1からレフトライナーだったが、1対1で終盤に入ってからは勝負を避けた。第3打席、第4打席はストレートの四球。延長に入り、10回表二死二塁は捕手が立ち上がって敬遠。12回表二死一塁の場面は、スタンドから「勝負しろ」という声が飛ぶなか、外に大きく外して歩かせた。

勝つために確率を考えて法兼との勝負を避ける。言うのは簡単だが、やるのは簡単ではない。あとの打者に打たれた場合に備え、普段の練習から外野守備を鍛えておかなければいけないからだ。事実、10回表は次打者の芝翼にレフト前ヒットを打たれたが、見事なカットプレーで失点を阻止している。12回表は延長であえて得点圏に走者を進める作戦。リスクは大きいが、自信があるから実行できた。

「オレなんか勝たなかったら何の存在価値もない。監督を引き受けたときから、そう思ってやりよる。当然ですよ。そうやって本音で言うと『教育者じゃない』とか言う人がおるけど、勝とうとするのが教育なんだから。勝つためには努力もするし、犠牲も払わないかんし、苦労もせないかんしね。負けてもええやと思って高校野球をやったら、何も成長しない。でも、負けることの方が多いわけ。勝とうとして負けたときに初めて成長するんですよ。負けていいやと思ったら成長しない。負けることの方が多いんや、人生は」

馬淵監督には「監督として雇われている」という自負がある。アマチュアの指導者ではあるが、ある意味、プロの監督。だから、負けてもいいということはありえない。野球を教え、勝利を目指すことによって人生を教える。

勝つ確率を1パーセントでも増やす作戦を考えたら、あとは肚をくくって勝負するのみ。やるなら大胆にやる、徹底する。最後までぶれずに貫き通す。それが監督・馬淵史郎なのだ。

目次

第2章 強くなる練習法

第3章 育てる、鍛える 67

第4章 研究、分析、準備 97

第6章　勝つ確率が下がる戦法——べからず集

第7章　リーダーの仕事　237

デザイン　神田昇和
写真　ベースボール・マガジン社
校閲　永山智浩

第1章

勝つチームをつくる

馬淵史郎のセオリー**2**

小さくても動ける選手を優先する

平均身長172・4センチ——。

02年夏に日本一に輝いた年のレギュラーの数字だ。161センチのレフト・沖田浩之、162センチのセカンド・今村正士らベンチには170センチ未満が5人。プロ入りしたショートの森岡良介（元東京ヤクルト）も176センチ、キャッチャーの筧裕次郎（元オリックス）も174センチと小柄で、180センチ以上は背番号12の竹内一真1人しかいなかった。

この年に限らず、明徳義塾には小柄な選手が多い。ラインナップに180センチ台の大柄な選手が並ぶことは稀だ。「力がすべてなら、フリーバッティングとシートノックで勝負を決めればいい。力のない者が勝つこともあるから野球はおもしろい」というのが馬淵監督の持論。小さな選手ばかりでも勝てることを証明している。

「野球は動けんとダメ。いくら遠くに飛ばしても、速い球を投げても、それだけでは勝てません。0・1秒で70センチ進むことを考えると（セオリー9・44ページ）、動ける選手を優先しようとなる。結果的に、それで小さい選手が多くなるんよ。これは絶対変わりません」

　だからといって、小さければいいけないわけではない。

「デカいにこしたことはないんよ。デカいのを使いたいけど、デカいヤツはこまい（※小さいの意味）ヤツに勝てんのよ。デカいヤツがこまいヤツぐらい動けたら絶対デカい方が得に決まってる。デカくて小回りが利いたら、それはドラフトされるよ。特にピッチャーはデカい方がええで」

　大型で動ける選手が理想だが、なかなかいない。だから小柄な選手が多くなる。自身も166センチと小柄な馬淵監督だが、それは関係ないという。

「この面子の中で勝つチームをつくろうと思ったら自然にそうなっていく。特に内野手は小回りが利かんといかん。内野は派手さはなくても、こじんまりしてても動けるヤツ。なんぼ身体がデカくても動けない選手はダメです。使い道ありません！」

　能力のある選手を集め、〝食トレ〟と称してごはんを食べさせ、ウエートトレーニングで身体を大きくしてパワーで勝負するのが近年の高校野球。明徳も補食やウエートトレーニングは導入しているが、それがメインではない。

「いい選手を獲ったら勝ち、獲れなかったら負け。そんな野球は高校野球じゃないんよ。明徳が目指してるのはそんな野球じゃない。身体が小さくても、守ってつないで、ちょっと知恵使うたら優勝できる可能性もあるというのが野球なんよ」

野球は力ではない。細かい動きと頭で勝てる。馬淵野球はそれを証明している。

馬淵史郎のセオリー3

中学生はバランスと足の速さを見る

全国から100人を超える部員が集まる明徳義塾。関東や九州の選手もいるが、多くは関西の出身だ。神戸・阿部企業で監督を務めた馬淵監督。関西に知人が多いこともあり、監督就任まもない頃から大阪のボーイズ、シニア出身の選手が多く集まるようになった。長年のつきあいということもあり、今でも馬淵監督は6月と12月の年2回、関西まで中学生の視察に出かける。

「一見のところには行かんよ。（OBが）ウチに来とるチームに行く。選手に『お前んとこの後輩にええのいるか？』と訊いて、チームの代表に電話して、（進路が）決まってるか確認してから行く。決まってる選手のとこは行かんね」

中学生を見るときのポイントはここだ。

「バランスやね。それと足。足の遅いのは獲ってもなぁ。遅くても谷合（悠斗、18年の四番）みたいに振れるなら別やけど。肩よりもまず足を見るね。肩は投げ方さえ悪くなければ並やったらええ。肩よりもスローイングがきれいかどうか。スローイングの汚いヤツだけは直らんから」

投げ方のクセはなかなか直らない。したがって、投手も投げ方は重要だ。

「ピッチャーはバランス。球速は130手前から130超えるぐらい。身長がそこそこあって、投げ方がいいヤツ。3年になったら140を超すなというようなヤツがほしいね。球は速いけど、ずんぐりむっくりでこれ以上伸びしろはないいうヤツは野手として見て、足があったら、バッターとしていいなという感じで獲ることもあるけど」

バランスとは、具体的にどんな部分だろうか。

「走り方もやけど、投げ方がぎくしゃくしたヤツはアカンわ。ぎくしゃくしたヤツとスローイングの悪いヤツはダメ。よう直さんもん」

馬淵野球は守りの野球。守れる選手かどうかが大事になるだけに、見るポジションにもこだわる。

「ウチはできるだけショートを獲るようにしてる。ショートとバッテリー。中学時分から外野してるのはいらんね。左で足の速いヤツはええかもわからんけど、右バッターで中学で外野いうのはねぇ。ショートは何人獲ってもええ。レフト行け、センター行けと言っても、すっとやれるから」

俊足でスローイングにクセがない選手。まさに明徳野球にぴったりな選手を馬淵監督は探している。

馬淵史郎のセオリー4

守りのチームをつくる

馬淵監督に「馬淵野球のセオリーとは？」と尋ねると、間髪入れずにこう返ってきた。「松山商業よ」。愛媛・八幡浜市出身の馬淵監督。実は松山商に進学するという夢があった。甲子園の決勝で松山商と三沢が延長18回引き分け再試合の激闘を演じたのは、馬淵監督が中学2年のとき。あこがれるのは当然だった。

「校歌も歌えるぐらいあこがれとった。ところが、『松山商業で野球をやりたい』言うたら親に反対されてな。三日三晩泣きよったんよ。松山商業はやっぱり守りがいい。守りを固めてからバント、走塁をきちっとできるチーム。それで打てれば鬼に金棒や。やっぱり愛媛の人間はみんな昔の松山商業を目標にしてるんよ」

その言葉通り、データも堅守のチームらしい数字が残っている。甲子園に出場した年（不祥事で幻の出場となった05年も含む）の高知県大会の1試合平均失策数は0・67個。91試合で61失策しかしていない。甲子園でも春は1試合平均1・18個しているが、夏は1試合平均0・74個と仕上げてきている。

イメージからも数字からも守りのチームの印象が強いが、実は馬淵監督就任時はそうではなかった。守りよりも攻撃に力を入れていたのだ。その証拠に初めて甲子園に出場した91年夏は高知県大会5試合で8失策。過去最多を記録している。夏の甲子園の成績を見ても、これまで4試合しかない3失策以上の試合のうち3試合は98年以前だ。

「初めの頃はノンプロ時代のイメージが強かったのかもしれないね。当時の口グセは『なんぼ打っても、1点でも余計に取らんと勝てんのや』。力でねじ伏せる野球をやってた。バッターにパワーをつけさせて、豪快に打ち勝つ野球を目指してたよね。確かにパワーはついたけど、精神力がついてなかった。ここ一番でもろかったから、勝てると思った相手に負けたよね」

馬淵監督が阿部企業で監督を務めた頃の社会人野球は金属バットの時代。打ち合う野球だった。取られたら取り返す。長打の魅力を実感していた分、捨てきれなかったのだ。当時のチームも力はあったが、いわゆる〝取りこぼし〟が目立った。それが、93年から95年まで3年間甲子園から遠ざかることにつながった。馬淵監督も1度は辞表を出すほど悩んだが、「このままでは勝てない」と方針を転換した。

「まず守備から入ることにしたんよ。苦しい場面で頼りになるのは、まず守備力。チーム全体ががっくりするようなエラーがなくなれば、しぶとく得点もできるんやないか。きっちり守れば長打に頼るケースも少なくなるんやないかと」

そこから取りこぼすことがなくなった。98年から05年まで高知県を8連覇。甲子園でも98年夏4強、02年夏優勝、04年春4強など上位の常連になった。05年に不祥事があって甲子園から遠ざかったが、10年から17年までまたも高知県で8連覇を達成している。

「甲子園で上位に来るチームはエラーせえへんからね。大阪桐蔭あたりもしょうもないエラーはしない。攻撃ばっかり言われるけど、守りはいいよ。智弁和歌山でもそうよ。勝ってるときは守備がめちゃくちゃええから。バッティングが強調されるだけであって、試合前ノックなんかうまいもんや。セカンドもショートもさすがやなと思う動きをする。それで打てりゃあ鬼に金棒。ウチもそう言うとるよ」

守りのチームに転換して結果が出た。そのたびにこだわりは強くなり、細かい部分まで教えるようになった。いまや明徳といえば全国屈指の守備力を誇るチームとして知られている。

「例えばカットプレーでも、ショートに肩の強いのを置いとるんやったら、右中間に飛んでもショートがカットに入る。そういうのは年によって変わってくる。だからやかましく言うよ。攻撃のパターンというのは5つか6つしかないんよ。普通に打つか、盗塁かエンドランか、スクイズか、セーフティースクイズかとかね。ところが、守備のパターンは無数にある。ということは、守りの練習は多くなる。ウチは絶対、練習は守備練習からやるからね」

守りのチームらしく、投手も冬場は内野ノックに入れて守備を鍛えている。

かつての社会人野球を彷彿とさせるように、近年の高校野球は打力が飛躍的に上がった。18年夏に大阪桐蔭、19年夏に履正社が1大会7本塁打を記録したように、甲子園の上位常連校のパワーは圧倒的だ。それに負けじと馬淵監督も19年のチームからウエート場をつくってパワーアップを図ったが、もう1度、原点の守りに力を入れることに決めた。

「甲子園に出るたびに関東や近畿の太い連中らに打ち負ける。ねじ伏せられるような負け方してるから、腹立ってね。それでウエートもやり出したんやけど、やっぱり最後は打ち負けるんやな。ウチも優勝したときは甲子園6試合で7ホームラン打ってるんやけど、あのときなんで打てたんか考えたら、ノックをめちゃくちゃやったんよ。バッティング練習するより、ノックやった方が、バッティングようなったなって。数打ちゃ打てるようになるもんでもないと思う。あいつらと同じ野球やって二番煎じになるんやったら、まったく逆をやったろうと思ってね。『お前らできるもんならウチの野球やってみい』というぐらいの野球をやった方が、明徳はいいんじゃないかと」

02年夏の優勝チームは守りもよかった。甲子園6試合で4失策。馬淵監督が「しょうもないエラーすることは頭にひとつもなかった」と言うように、攻撃に集中できた。それを思い出したのだ。

「広島商業が池田に大敗したときがあった（82年夏の甲子園決勝で2対12）。それで野球を転換しようとなって落ちたらしい。やっぱり広商野球はそうじゃないんですよ。明徳も同じ。細かな野球の進め方、1球の見逃し方とか戦術、戦略、いろんなことを考えてやった方が力が出せる。それがあって『お前らにパワーついて打ちだしたらもっとええ選手になるよ』という感じの方があってるのかなと」

何で勝負するのかが大事。人は自分にないものに目がいきがちだ。そのために自分の長所を見落としてしまうことがある。明徳の持ち味は相手の心理を考えた細かい野球。ここを前面に出してこそ、明徳らしさが出る。

「甲子園の上位校に勝つためには僅差にもっていくしかない。ということは点をやらないこと。5点も6点もあいとったら、心理戦もクソもないんやから」

時代と逆行するかもしれない。だが、そこにこだわるチームが少ない分、個性になり、強みになる。パワー偏重の高校野球界だからこそ、真逆の野球で勝負。それが明徳野球なのだ。

馬淵史郎のセオリー5

キャプテンは上級生の投票で決める

ショート6人、センター5人、控え5人。

これが、明徳義塾のキャプテンに多いポジションだ。内野の要であるショート、外野の中心であるセンターと並び、控えのキャプテンが多いのが特徴だ。明徳義塾では、どのようにキャプテンを選ぶのか。

「基本的には上級生が下級生を指名することになってる。20年ぐらい前から上級生の投票で決めてるね。監督の見た目と寮で一緒に生活をした目とやっぱり違う目がある。寮での生活とかそうじだとかいろんな部分を見てるわけや。それを尊重せないかんと思ってる。控えが多いのは投票だから」

ただ、これはあくまで基本であって、絶対ではない。馬淵監督が指名することもある。20年の鈴木大照は監督による指名だった。

「この代は『鈴木しかおらん』ってオレが決めた。選手の意見もそうやったけどね」

21年は米崎薫暉、代木大和が候補に挙がり、米崎を選んだ。

「代木はピッチャーで負担が大きすぎる。それやったらショートで1年から出てる米崎が一番無難やろうと。米崎はやりたくないって言ったんよ。『僕は人に言えるような性格じゃない』って。それなら『背中で見せたらええやないか』ってあいつにしたんやけど。キャプテンになったら立場が人をつくるからね」

代木とは違い、98年にエースで四番の寺本四郎（元千葉ロッテ）をキャプテンにしたのはこんな理由からだ。

「あの頃はワルばっかりで、あいつしか抑えるヤツがおらん。一番ケンカの強いヤツにした方がええという感じじゃやね」

ちなみに、ときどきキャプテンの交代もある。16年はセンバツのあとに控えの山本龍希から、高村和志に替わっている。

「みんなマジメさだけで選ぶから控えが多くなってるんよ。やっぱり、子供の選び方やね。控えだと技術的に自信がないから、どうしても引いてしまうんかね。厳しいことを言いづらいというのはある。号令係になってしまうわけよ。そうすると（チームが）もうひとつピリッとしない。これからはよっぽどじゃないと控えは考えようかと思う」

そんな馬淵監督が考える理想のキャプテンとは。

「フォア・ザ・チームに徹することができること。それと、監督に『こう思うんですけど、こうした方がいいんじゃないですか』って意見してこれるキャプテンじゃないといかんよ。なかなかいないけどね。あとは、やっぱりプレーでも精神面でも引っ張れるヤツ。昔はキャプテンがチンタラしとる同級生に『なめとんのか』と言いよった。それでチームが締まったよね。キャプテン中心に『いいかげんにせぇ』って同級生が言い合えるチームは強いよ。傷のなめ合いをするのはダメよ」

チームのことを一番に考え、監督にも同級生にも、遠慮せずものが言える人材。大人数をまとめるには、そんなキャプテンが必要なのだ。

馬淵史郎のセオリー6

ベンチ入りメンバーを入れ替え、競争を激化させる

毎年部員100人を超える明徳義塾。大所帯だが、意外にも練習はみんなで行う。特に冬場は全員が同じメニューだ。

「やっぱり、チャンスは与えてやらないと。あの山によ、全国から野球好きなヤツが集まってきて、最初から分けたらかわいそうやろ。自分の子供だったらどう思う？　ただ、チャンスはやるけど、ものにできるかどうかは自分の問題や」

この言葉がうそでないことは過去のベンチ入りメンバーを見ればわかる。明徳義塾が春夏連続出場した年を見ると、レギュラー変更が3人、ベンチ入り変更が5人もあった03年を筆頭に、多くの選手が入れ替わっていることがわかる（35ページ表1。レギュラーは背番号による数字）。99年も甲子園の初戦スタメンが3人変更。春はベンチ外で打撃投手だった浅川大輔が夏の甲子園初戦で先発してい

る。優勝した02年も沖田浩之は秋の大会はベンチ外。春のセンバツが初めての公式戦だった。夏の甲子園決勝で本塁打を放った山口秀人もセンバツはメンバーに入っていない。

14年夏はセンバツではアルプス席で応援団旗を持っていた高野航平が一番、16年夏は春ベンチ外の脇屋紀之が四番と主軸に抜擢。14年夏に代打で活躍した田中秀政も春はボールボーイだった。反対に02年はセンバツでスタメンだった中田将、背番号3だった銘苅怜真が、夏はベンチ外に降格している。

「春が終わってリセットする。1年生も含めてね。浅川は急によくなった。練習試合に投げさせたら、『こいつは勝てるピッチャーや』と思った。沖田は冬練を見てたら、あまりにもええもんやからセンバツから入れたんよ」

レギュラーでも安泰ではない。頻繁に入れ替えがあるから選手たちは自主的に練習する。結果が出ず、ふがいない年に強制することもあるが、基本的に朝の練習はない。だが、明徳で朝ゆっくり寝て

2000年

春				夏			
右	⑨	内村		左	⑦	田窪	
遊	⑥	田山		遊	⑥	田山	
中	⑧	清水		捕	②	木下	
一	⑤	松浦	△	中	⑧	清水	
捕	②	木下		三	⑤	松浦	△
左	⑦	田窪		一	③	小川	
三	③	小川		右	⑨	内村	
投	①	三木田		投	①	三木田	
二	④	村田	△	二	⑮	森岡	◇
レギュラー変更　0							
ベンチ入り変更　5							
ベンチ入り　16人							

2011年

春				夏			
二	④	梅田		三	⑬	伊与田	△
三	⑥	今里	△	遊	⑥	今里	△
一	③	先田		右	⑫	大西	△
左	⑦	北川		左	⑦	北川	
右	⑩	大西	△	一	③	先田	
遊	⑭	伊与田	△	捕	②	杉原	△
捕	②	杉原	△	二	④	梅田	
投	①	尾松		投	①	尾松	
中	⑧	山口		中	⑧	山口	
レギュラー変更　0							
ベンチ入り変更　2							
ベンチ入り　18人							

表1　甲子園初戦スタメン比較（丸数字は背番号、無印=3年、△=2年、◇=1年）

1996年

春				夏			
二	④	江幡		二	④	江幡	
右	⑨	高見		中	⑧	高見	
捕	②	梅山		捕	②	梅山	
三	⑤	中平	△	三	⑤	中平	△
左	⑦	山下		左	⑦	山下	
中	⑧	中山		右	⑨	松岡	△
一	③	佐藤		一	③	佐藤	
遊	⑥	清水		遊	⑥	清水	
投	①	吉川昌		投	①	吉川昌	
レギュラー変更　1							
ベンチ入り変更　3							
ベンチ入り　16人							

1998年

春				夏			
二	④	松元	△	左	⑦	藤本	
捕	②	津呂橋		右	②	津呂橋	
三	⑤	町中		三	⑤	町中	
投	①	寺本		投	①	寺本	
右	⑯	谷口		中	⑨	谷口	
一	③	村山		二	④	松元	△
遊	⑥	倉繁	△	捕	⑫	井上	△
左	⑦	藤本		一	③	村山	
中	⑬	橋本	△	遊	⑥	倉繁	△
レギュラー変更　1							
ベンチ入り変更　2							
ベンチ入り　16人							

1999年

春				夏			
遊	⑥	倉繁		遊	⑥	倉繁	
二	④	松元		二	④	松元	
捕	②	井上		捕	②	井上	
一	③	西岡		左	⑦	安並	
左	⑦	奥田		一	③	西岡	
右	⑨	足立		右	⑨	奥田	
三	⑤	平峰		中	⑭	清水	△
投	①	増田	△	三	⑤	平峰	
中	⑧	橋本		投	⑬	浅川	
レギュラー変更　1							
ベンチ入り変更　3							
ベンチ入り　16人							

※浅川、清水は春ベンチ外

2002年

春				夏			
中	⑤	山田		中	⑧	山田	
左	⑦	沖田	△	左	⑦	沖田	△
遊	⑥	森岡		遊	⑥	森岡	
捕	②	筧		捕	②	筧	
投	①	田辺		投	①	田辺	
右	⑨	松岡		三	⑤	梅田	◇
一	⑧	泉元		一	③	山口	△
三	⑯	中田		右	⑨	泉元	
二	⑫	今村		二	④	今村	
レギュラー変更　3							
ベンチ入り変更　4							
ベンチ入り　16人							

※春スタメン中田、
背番号3銘苅は夏ベンチ外

2003年

春				夏			
遊	⑥	松原	△	中	⑧	沖田	
左	⑦	田窪		二	④	松原	△
中	⑧	沖田		遊	⑥	梅田	△
一	③	山口		一	③	山口	
右	⑨	伊藤		右	⑨	伊藤	
三	⑤	梅田	△	三	⑤	久保田	△
捕	②	田辺	△	捕	②	田辺	△
投	①	鶴川	△	投	①	湯浅	
二	④	川崎		左	⑦	野村	△
レギュラー変更　3							
ベンチ入り変更　5							
ベンチ入り　16人							

※春スタメン田窪は夏ベンチ外

2004年

春				夏			
左	⑦	森岡		中	⑦	森岡	
遊	⑥	松原		遊	⑥	松原	
三	⑤	梅田		捕	②	梅田	
一	③	久保田		左	③	田辺	
捕	②	田辺		一	⑫	中田	△
投	①	鶴川		三	⑤	久保田	
中	⑨	野村		右	⑧	野村	
二	④	西山		二	④	西山	
右	⑯	片倉		投	①	鶴川	
レギュラー変更　1							
ベンチ入り変更　4							
ベンチ入り　18人							

※春スタメン片倉は夏ベンチ外

2014年

春				夏			
三	⑤	尾崎		右	⑨	高野	
左	③	大西		中	⑧	大谷	
右	⑦	多田		投	①	岸	
一	⑪	西岡		一	③	西岡	
投	①	岸		二	④	森	
遊	⑥	安田		遊	⑥	安田	
二	④	森		捕	②	水野	
捕	⑬	水野		左	⑦	尾崎	
中	⑧	大谷		三	⑤	大西	
レギュラー変更　3							
ベンチ入り変更　6							
ベンチ入り　18人							

※高野は春ベンチ外

2016年

春				夏			
中	⑧	立花		中	⑧	立花	
二	④	金田		左	⑦	西村	
右	⑨	西浦	△	一	③	西浦	△
捕	②	古賀		右	⑨	脇屋	
左	⑦	西村		捕	②	古賀	
一	③	平石		三	⑤	大北	
三	⑤	大北		遊	⑥	高村	
遊	⑥	高村		二	④	今井	△
投	①	中野		投	⑩	金津	
レギュラー変更　2							
ベンチ入り変更　5							
ベンチ入り　18人							

※脇屋は春ベンチ外、
春スタメン金田は夏ベンチ外

2017年

春				夏			
三	⑩	田中	△	三	⑯	菰渕	△
中	⑧	中坪		中	⑧	中坪	
右	⑨	西浦		右	⑨	西浦	
左	⑪	谷合	△	左	⑦	谷合	△
一	③	久後		遊	⑥	今井	
遊	⑥	今井		一	③	久後	
二	④	近本		捕	②	筒井	
捕	②	筒井		投	①	北本	
投	①	北本		二	④	近本	
レギュラー変更　1							
ベンチ入り変更　3							
ベンチ入り　18人							

※菰渕は春ベンチ外、
春スタメン田中は夏ベンチ外

いるようでは試合に出られない。15年夏の高知県大会決勝で9回二死から代打決勝打を放った西村舜は、最初は朝5時半から練習していたが、結果が出ないので5時から、4時からと早くなっていった。それでも打てないため夏休みに入ってからは、午前3時に起床。6時までティー打撃とフリー打撃に励んだ。同じ試合で4安打の五番・佐田涼介も午前3時から練習している。明徳ではそれが当たり前なのだ。馬淵監督は言う。

「だいたいオレは4時半頃、目が覚める。寮におるときは応接室でたばこを吸うから、朝練に行くのわかるんよ。こんな早く行ってんのかって。でも、朝練をやってるからどうっていうのはないよ。それはジェスチャーでやったら終わりやから。結果出さないとね。ただし、同じ力やったら、朝練を一生懸命やってるヤツを遠征に連れて行ってやろうというのはある」

監督に見せるための練習はやっても意味がない。あくまでも自分が結果を出すため、自分の夢を実現させるために練習するのだ。だから、黙っていても競争になる。

「競争の中でチームの摩擦が起きるんよ。その摩擦がね、エネルギーに変わるんよ。これがぎりぎりのところで出てくる。起爆剤になる。でも、オレは決して競争はあおらない。社会に出て、『仕事しなさい』ってあおるかね？　消えていくヤツは消えていく。向上心があるヤツはやるよ。今まで伸びたヤツはみんなそうじゃないの。ちょっとケガしたら、もう自分の場所がなくなるような雰囲気がある。だからケアもするし、我慢もするのよ」

西村は言っていた。

「僕らが親元を離れてコンビニもない山奥に来てまで野球をやってるのは甲子園に出るため。そんな環境とか気持ちとかが、最後の最後に出ると思うんです」

太平洋を望む横浪半島の谷あいにある明徳義塾。コンビニも娯楽施設もない。携帯電話もスマートフォンも禁止。最寄り駅まで車で30分以上もかかり、脱走するにはヒッチハイクをするしかない山奥。そんな野球しかない環境で切磋琢磨し合うから、技術も心も鍛えられる。それが明徳の強さになっている。

馬淵史郎のセオリー７

同じ力なら上級生を使う

夏の高知県大会８連覇が２回。

馬淵監督になって夏の甲子園連続出場が目立つ明徳義塾。続けて出るためには下級生の経験者がうまく次のチームにつなげていくことが必要だが、意外にも明徳は下級生のベンチ入り選手は多くない。

「センバツの場合は、スペアで入れるならば、できるだけ3年を入れてやろうというのはある。教育的効果というか、進路のこともあるからね。夏はそんなことはこれっぽっちも考えない。だから1年でもいいのは入れる」

過去20回の夏の甲子園ベンチ入りメンバーの学年別平均人数を見ると（※背番号による集計）、２年生が４・05人（うちレギュラー２・１人）、１年生が０・８人（うちレギュラー０・25人）。小倉全由監督の関東一、日大三は２年生が４・84人（うちレギュラー１・42人）、１年生が０・５人（うちレギュラー０人）、原田英彦監督の龍谷大平安は２年生が５・26人（うちレギュラー２・13人）、１年生が０・75人（うちレギュラー０人）。比べても少ないのがわかる。

「同じ力だったら絶対上級生を出したる。同じ力やったら来年のことを考えて下級生を入れるって人もおるけど、オレはしない。かえってプラスにならん。将来を約束されたみたいになる」

１００人を超える部員が競争するのが明徳の強さであり、馬淵監督の理想。下級生でベンチに入り、「オレは安泰だ」と思わせないことは必要だ。だが、それよりも上級生を重視する理由がある。

「やっぱりな、明徳のみそ汁をちょっとでも吸うたヤツを入れた方がええわ」

しばしばミーティングを行い、野球を教える時間を長く取る馬淵監督。何度も監督の話を聞き、馬淵野球のセオリーや約束事を理解している上級生の方が、いざというときは戦力になってくれる。馬淵イズムの浸透度によって、メンバーを決めるのだ。

馬淵史郎のセオリー8

甲子園に出場したらメンバー外は解散する

家から通える。

100名を超える部員のうち約半数が関西出身の明徳義塾。これをうまく利用しているのが、甲子園に出場している期間だ。一般的にはどの高校も宿舎に入る選手たち以外は学校に残って練習するが、明徳は違う。甲子園出場の壮行式を行ったあとは解散。寮は、もぬけの殻になる。宿舎に入る選手以外は自宅に帰るのだ。コーチも全員が甲子園に帯同するため、練習を見る人がいないという事情もあるが、これと同じやり方をしている学校は聞いたことがない。

「応援も大阪のヤツは甲子園にすぐ来れる。（高野連指定の）割り当て練習も家から来さす。そうすれば、泊まる金がいらんやろ。電車賃と弁当は出してやるけどね。九州や関東のヤツは宿舎に入れてやる。試合のたびに自宅から行くのは金がかかってかわいそうでしょ。地方優先で宿舎に入れて、その中でボールボーイをやらすようにしてる」

ベンチに入れない下級生にとっては、これが応援するモチベーションになっている。夏の甲子園に出られなければ、猛暑の中、いつものように山奥の野球道場での練習が待っているが、先輩が勝ってくれれば、地獄の練習はなし。自宅にも帰れる。

「甲子園行ったらみんな喜んでる。なんでか言うたら、自宅から通って練習できるから。負けた時点で明徳のグラウンドで練習やから、『絶対勝ってくれ』って」

自宅に戻ることで問題行動をする選手が出てこないか心配になるが、不安はないという。

「それは重々言ってる。何かあったら、自分の責任だけで終わらんぞって。それは子供らもわかってる」

全体練習こそないが、もちろん完全な休みにはならない。夏の甲子園が終われば、すぐに秋の大会が始まる。メンバー外の下級生も割り当て練習の会場に集まり、甲子園メンバーが練習するグラウンドのあいたスペースを使って、新チームのための練習をする。

「下級生の30人ぐらいは、手伝いだけじゃなしに、そいつらだけ特別メニューよ。ノックの間、ティー打っとけとか、バッティングの間、球拾いせんでいいからポール間走れとか。新チームですぐできるようにはしてる」

練習するとはいっても実戦練習はできない。そのため、彼らには夕方からボーイズ、シニアなど中学の出身チームの練習に参加するようにも言っている。このような状況だけに8月下旬にある高知県の新人戦には間に合わないが、9月の県大会、10月の四国大会にはしっかり仕上げてくる。夏春連続出場が12度もあるのが、この期間がマイナスになっていない何よりの証拠だ。普段は陸の孤島で野球漬けの生活を送っているから、息を抜くヒマもリラックスするヒマもない。甲子園出場のごほうびとして自宅に戻る時間を設けることで、経費節減とリラックスの一石二鳥にしている。

第2章

強くなる練習法

0・1秒にこだわって練習する

「練習を試合のつもりでやれ。試合を想定して練習をやれ」

よく言われる言葉だ。だが、ほとんどの学校はそう言っているだけで、実際にはそうなっていない。例えば、シートノック。走者が二塁にいると想定して、シングルヒットで本塁にバックホーム、またはカットにつないでホームへ送球する。このとき、捕手にストライクの返球が戻ってくれば、周りから「ナイスボール」という声が飛び〝好プレー〟の評価をされる。

見た目はストライクかもしれない。だが、そこには相手がいない。たとえストライク返球でも捕手が捕球するまで7秒以上かかっていたら、二塁走者はホームインしている。セーフなのだ。アウトにするためにはタッチする時間を考え、6・5秒で捕手に返球したいところ。ストップウォッチでタイムを計り、架空の走者と勝負して初めて試合を想定した練習といえる。

「塁間は27メートル431や。わかりやすく28メートルとして、足の速いランナーはそれをだいたい4秒で走る。1秒間で7メートル走ってる計算や。ということは、単純計算で0・1秒で70センチ走ってる。加速がついたら1メートルぐらい余計に行くかもわからんけどね。0・1秒いうたら、まばたきの瞬間よ。そしたらファンブルひとつで70センチから1メートル走るということ。だからゲッツー取るのに4秒以内で完成せえとなったら、まばたきひとつのミスでもダメなんだよと」

ベースが38・1センチだから、70センチはベース約2個分。たった0・1秒でアウト、セーフ、勝敗が変わってしまうことを指導者が普段からどれだけ伝えているかどうか。

「練習のときノックでタイムを計ってなかったら、ゆっくり捕って、ゆっくり投げて、それでゲッツー取った気分でやってるわけよ。それは絵に描いた餅じゃ。試合で通用しない。盗塁でもそうや。ピッチャーがクイックで1・3秒を切る。キャッチャーが（二塁送球で）2秒切るか、2秒ぐらい。その間にリードしてスライディングしてって計算しよったら、0・1秒の大事さがわかるわけ。そこまで練習のときに考えてやってる監督が四国に何人おるか」

エラーをしなければいいのではない。アウトにしなければ意味がないのだ。いい選手がいるかどうかではない。甲子園レベルを指導者が伝えているかどうか。普段から0・1秒の重みを体感させているからこそ、選手の意識も上達速度も変わるのだ。

馬淵史郎のセオリー10

練習は適宜止めて細かい指導をする

数だけではいけない。質だ。

明徳義塾はスポーツに力を入れている学校。専用グラウンドもあり、平日は5時間、休日は8時間と練習時間は豊富だ。だが、練習は時間が長くて量が多ければ成果があがるものではない。いかに内容にこだわるか。質が大切だ。

明徳のノックは、ミスがあるたびにしばしばストップがかけられる。例えば、ショートがゴロを捕って一塁へワンバウンド送球。ファーストがうまくその球を捕球したとき。ノッカーのコーチはノックを打つ手を止める。

「四国できっちりやってるのは大野（康哉、前今治西、現松山商監督）くんぐらいやろ。ほとんどのチームは流して次のノックを打つ。ウチは『アカン』と言ってもう1回やり直しや。『今はファーストが捕れたけど、ああいうプレーは何回もできないぞ』とか『足が速いランナーだったら、ぎりぎりセーフやぞ』とかね。そういうことをチェックしながらやる。ウチのコーチには常に『ノッカーはマシンじゃいかん。注意せえ』って言ってる。エラーしてスルーして次じゃなくて、練習を止めてでも、やっぱりいかんことは何べんでも注意しないと」

気になることがあればそのたびに練習を止めるため、時間がかかる。流れも悪くなる。だが、そこを妥協しないのが明徳の伝統になっている。

「挟殺プレーで失敗したら、元に戻して同じシチュエーションでもう1回やる。また失敗したら、もう1回やる。そういうことは練習時間が長くなってもやってるよ。普段の緊張感を持った練習がどれだけ大事かということ。それがここ一番に活きるんよ。楽勝のゲームやったら、少々監督がミスしようが、選手がけん制でアウトになろうが勝ってまうんよ。そうじゃない。競ったゲームをいかに勝つかということが練習だから」

接戦になればなるほど小さなミスが命取りになる。0・1秒のジャッグルがアウト、セーフ、勝敗までを変えてしまう。選手から「これぐらい、いいだろう」という気持ちがなくなるまで、言い続けて、わからせなければいけない。

「例えば、練習試合で3点勝ってるのにしょうもない1つのエラーから始まって、フォアボールが出て、またエラーが出て負けるというのが年にいっぺんかにへんあるわけ。そのときは怒るよ。しつこいぐらい怒るけども、内心はいい経験してると思ってる」

ノックでミスが出たら、「この前の試合はそのミスで負けたやないか」と言う材料にする。バックホームで無難に本塁までつないだとしても、ボールが捕手の右腕側にそれれば間一髪セーフになる可能性もある。細かい点にこだわり、しつこく、くり返し伝えていくのだ。

「はっきりいって練習のときはヘマやってもいいんよ。ヘマをやっとけば、かえって頭に『こういうときは大ピンチになってしまう』って残るから」

些細なミスを見落とすか見落とさないか。妥協せず、面倒くさがらず、こだわってやれるか。練習からこの姿勢があるから、接戦に強いチームになれるのだ。

馬淵史郎のセオリー11

外野手は25メートル追いかける練習をする

誰よりも早く、馬淵監督がベンチを飛び出していた。捕った瞬間、思わず両腕を上げてジャンプ。試合後には涙を流した。

「これが明徳の野球。最後のスーパープレーには思わず感極まった。何年かに1回あるかどうかの試合やね」

2011年夏の高知県大会決勝・高知戦。明徳義塾が2対0とリードして迎えた9回裏の守り。1点を返され、なおも二死二塁という場面で高知の六番・岡崎賢也の打球はライト後方に飛んだ。打った瞬間、誰もが抜けたと思う会心の当たり。だが、この回から守備に就いたライトの中平亜斗務はあきらめなかった。「打たれた瞬間はヤバいと思った」（中平）が、背走に背走を重ね、フェンス際で左腕を伸ばす。真後ろへヘッドスライディングのように飛び込んだグラブには白球が収まっていた。

スーパーファインプレー――。

明徳義塾の甲子園出場が決まった瞬間だった。

「あいつは表彰もんですよ。あれは2度とできんかもわからん。イチローでも捕れん。奇跡のプレーや。あれが高校野球ですよ。守備固めに入れたヤツがああいうプレーをしてくれて、監督冥利に尽きるよ」

このプレーに代表されるように明徳義塾の外野手は守備範囲が広い。なぜ、毎年のようにうまい選手が出てくるのか。それは、冬場の練習にあった。明徳では冬場の外野守備練習はピッチングマシンを使って行う。マシンの前足を台の上に載せ、角度をつけて外野へ飛ばすのだ。ボールが落ちる位置は一定にして、外野手がスタートする位置を変える。落下地点まで25メートルの距離がスタート地点。前後左右4方向から行う。

「『ええか。落ちるところはここやぞ。目を切って走れ』と言って、マシンにボールを入れた瞬間に全力で走ってぎりぎりで捕る。徹底してまずは数をこなす。最初はヤマ勘みたいになってしまうんやけど、それでもいいと思ってるんよ。外野が30メートル追いかけて捕れんかったらヒットですよ。左中間ならセンターとレフトの両方が追えるわけやから50メートル。その中に落ちたらヒットや」

落下地点までとにかく全力で走る。これをくり返すことによって守備範囲を広げるのだ。第1クールではできるだけ高いフライを捕ることから始め、第2クールからフライの軌道を低くしていき、第

3クールではライナー性にする。徐々に難易度を上げていきながら練習する。

「脚力のあるヤツが最後は勝つ。だから守備範囲の広いヤツがレギュラーになる」

ずっとやっていれば、25メートルの地点から捕れる選手、20メートルの地点からしか捕れない選手というように個人差が出てくる。試合では、自分が追える範囲を把握したうえでポジショニングを変えるのだ。

これに加え、試合では右打者、左打者による打球の特性が加わる。右打者の右中間の打球はライト方向へ切れる。左打者の左中間の打球はレフト方向へ切れる。

「右バッターで右中間の真ん中の打球をセンターとライトが捕りあいになったら、絶対にライトが捕りにいかないかん。ボールをサードに投げないかんときは、センターとライトだったらライトが捕った方が（体勢と投げる方向から）投げやすい。そういうことをとにかく教えないかん。教えて頭で理解させて、理にかなったことをやらさんと。今頃のヤツは理屈がわかってなかったら、『やれぇ』言うたってやらん」

近年の高校野球は打力や道具の向上もあり、どんどん飛距離が伸びている。それに伴い、外野手の守備位置も深くなっている。その結果、ポテンヒットが増え、後方のフライを捕球する技術も低下している。だが、この練習で守備範囲に自信を持っている明徳は必要以上に深く守ることはない。だから、アウトにできる打球も増えるのだ。

「昔からうまい外野手は前、うまい内野手は深いと言われてる。そうすればポテンヒットはないし、後ろは越されん。だけど今は守備位置が深くなってるね。ウチは定位置やね。2アウト一塁ならロング注意で深めに守る。これはセオリー。ランナー二塁なら若干前。後ろを越されたらしょうがない。ゴロで抜かれたやつをホームへ還すなと言ってる」

守備位置が決まっていないのが野球の面白さ。守備の能力を上げ、相手打者を分析することでアウトにできる打球を増やす。外野守備にこだわるのが明徳なのだ。

冒頭の試合の後日、春野球場を訪れた際に馬淵監督は、中平が守っていた位置から捕球した位置までの距離を計測してみたという。「30何メートルあったよ」。練習でも捕れない打球を、甲子園を決める最後のプレーでやってのける。この執念、球際の強さが明徳の強さ。それは、決して偶然ではない。普段の練習の積み重ねから生まれるのだ。

馬淵史郎のセオリー12

外野手のバックホーム練習にこだわる

明徳義塾外野陣の守備力はフライを捕る技術だけではない。バックホームに代表される送球技術も優れている。その証拠に、高知県でも甲子園でも随所に好返球で走者を刺している。

高知県大会でのハイライトは12年夏の決勝・高知戦。相手の四番・法兼駿を5度歩かせた試合だったが、実は、10回表には法兼を敬遠したあとに冷や汗をかいている。二死二塁から法兼を歩かせ一、二塁。ここで五番の芝翼にレフト前ヒットを打たれたのだ。痛烈なゴロのヒットだったが、レフトの宋皞均が落ち着いて捕球し、サードの伊与田一起に送球。伊与田も捕手にストライク返球で二塁走者をアウトにした。

甲子園でも、馬淵監督にとって甲子園初采配だった91年夏の1回戦・市岐阜商戦で、2つの補殺を記録。3回表二死一、二塁からセンター前ヒットで本塁を狙った二塁走者を松下良士の好返球でアウト。7回表一死三塁ではライトフライでタッチアップした三塁走者を平田章博がストライク返球でアウトにしている。

「外野のバックホームはやかましく言うよ。一番大事なタッチプレーはホームやから。これは共同作業よね。1人で投げる場合もあるし、カットマンもしっかりせないかんし。外野は遠くに投げないかんから、捕ってから早くだけじゃダメなんよね。捕って1回ジャンプして投げないと。それは冬場に徹底してやる」

ジャンプすることで軸足にしっかり体重を乗せ、強い球を投げるのが目的だ。外野のパート別練習の際に手投げで転がされたゴロを捕球し、ネットに向かって投げる練習を延々とくり返す。

「左足を前にした捕球、右足を前にした捕球の両方やっとかんとね。右足の方がエラーは少ない。イレギュラーしたときでも身体に当たるから。左足の方が早い。（試合では）足の合わしようで右にも左にもなることがあるから両方やらすね」

この他、パート練習では後方のフライを投げ、左回りをして捕る練習も行っている。

「左回りは目がまわるから、いかんというんやけど、捕るか捕られんかやから。ヒマがなかったらやるしかない。捕ってくれりゃあいい」

この他にこだわるのは、ゴロへ素早いチャージをかけること。

「外野のチャージが早かったら、全力でバーッと出て来たら、ランナーコーチは回すのをやめる。反対に『これは無理や』と思って、外野がバウンド合わしながらスタートを切るとランナーコーチは回すんよ。（アウトかセーフか）どっちかわからんなと思うたら、ランナーコーチは自重して止めるんやから絶対大事よ」

返球でこだわるのはバックホームを投げる位置。必ず捕手の左側（右打席側）を目がけて投げるように徹底する。

「基本的にキャッチャーの右側にそれたら全部セーフやから。ランナーが遅くても右側だとアウトにする確率は限りなくゼロに近い。左側ならランナーと衝突してアウトにすることは可能や。だからカットマンが正面に入っとって、外野からの送球が自分より右側だったら絶対カットだね。それぐらいキャッチャーの右側にそれるボールを投げるヤツはダメ。やかましく言うよ」

もちろん、1人で投げるときも、高い送球をすれば打者走者に進塁を許してしまうため、低い送球を投げる。低くて、かつ捕手の左側。それを左右どちらの足を前に捕球したときでも、できるようにくり返す。こだわりと反復練習が、ここ一番での失点阻止につながっている。

馬淵史郎のセオリー 13

土壇場に強くなるようプレッシャーをかけて練習する

20勝5敗。これが、馬淵監督が率いた明徳義塾の夏の高知県大会決勝の成績だ。驚くのがその内容。20勝のうち13勝は2点差以内。11年から15年にかけては5年連続で高知に1点差で勝っている。00年の土佐戦では、0対2から9回表に4点取って逆転した。さらに、延長戦は4勝0敗。96年の土佐戦では延長12回裏一死満塁のピンチを連続三振でしのぎ、13回表に2点を挙げて振り切っている。

甲子園がかかる決勝戦。その延長戦ともなればプレッシャーは半端ではない。なぜ、土壇場で力を発揮できるのか。自分から崩れることがないのか。

「そういうことを想定して練習してるからやろうね。例えば10本走るときも『延長やもう一本行け』とか。ノックのときも『延長になったらどうするんや』と言ったりする。『ここで気を抜くな』っていうのはよく言うね。緊張感を持って練習してなかったら何の身にもならないから」

ノルマを課し、プレッシャーをかける練習をしやすいのは守備練習と走るメニューだが、特に守備練習でやることが多い。智弁和歌山・髙嶋仁監督（『智弁和歌山・髙嶋仁のセオリー』28参照）同様、明徳義塾でも全員ノーミスでないと終わらない〝ノーエラーノック〟を行う。

各ポジションに2人ずつ守り、ボールファーストやゲッツーで行う。サードから打つと最後になるのがファースト。それだとファーストにばかりプレッシャーがかかるため、たまにはファーストから打ってサードを最後にしたり、ショートを最後にしたりもする。エラーしたポジションの次のポジションから始めれば、エラーした選手が最後になる。そうやってプレッシャーのかかるポジションを変更しながらやるのだ。外野のバックホームをやることもある。

「（ゴロを転がして）キャッチャーのスローイングも入れるから、キャッチャーが最後になってイップスみたいな暴投放ってボロカスに言われることもある（笑）。やっぱり、最後に失敗したらいかんという気が出てくるんやね」

甲子園で優勝した02年当時はミスすると全員でボール間をムカデ歩きという罰ゲームも課された。同じ選手がエラーを連発すると「出ていけ。一生入ってくんな」と言う声が飛ぶ。「試合より練習の方が緊張した」と言う選手がいるほどだった。

「下級生がエラーしたら、『お前、いい加減にしとけよ。下級生でノック入れてもらって』とかね。そら当然ですよ。それぐらいじゃないと下級生からレギュラーに入りこめない」

この他にも誰かがミスすると内野手全員がベースランニングをする連帯責任ノックや、ノーミスバントの練習もある。バントは投手が投げて一発で決めるのがノルマ。12～13人のメンバー全員が一発で決められなければやり直しだ。

松井5敬遠の92年のチームのときはこんなこともあった。練習試合で1点取られるごとにベースランニング10周、負けたら30周のペナルティーを科したのだ。2試合で1勝1敗の8失点。ベースランニングは110周にのぼった。

「1点を簡単に取られるからそう言ったんやけど110周になった（笑）。負けて罰走とかね、そんなんで勝てるかっていうんだけど、非合理的なことをやると精神力がつく。『よし言うまで走れ』とか一番きついわね」

かつては携帯電話の電波も届かなかったほどの山奥にある明徳義塾。15歳で親元を離れ、そんな場所に行くだけでも覚悟がいる。そのうえにここまでの練習をするのだ。もう怖いものはないだろう。「これだけの練習をやったんやから負けるわけがない。そういう裏づけがないと強いチームにはならんのよ」

この裏づけこそ、土壇場での強さにつながっている。

馬淵史郎のセオリー **14**

最悪を想定し、あえて困難な状況で練習する

ブルペンに屋根がない。室内練習場もない。

昨今の甲子園常連校には当たり前にある施設が、意外にも明徳義塾ほどの強豪校にない。

「ブルペンに屋根をつけよう思うたら、それぐらいの金はあるんやけど、わざとつけてないんよ」

なぜ、つけないのか。もちろん、ちゃんとした理由がある。

「投げるスタミナは投げてつくらないといけないという考えやけど、特に炎天下の中でやらさないかんね。ピッチャーは炎天下で投げる練習が必要。それと雨が降ってる状態で投げる訓練もしとかないかん。手が滑るとか下がゆるいとか、ロジンバッグをポケットに入れてやるとか。屋根があったらそういう経験ができないわけよ。審判が続行するなら、そこでやらないかんわけやから、それは大事なことやと思う」

夏の大会が酷暑の炎天下で行われるのは明白な事実。甲子園は球場が使える期間が限られているため、多少の雨でも試合を続行するのも周知の事実だ。トーナメントでやり直しのきかないのが高校野球。わかっているのだから、準備はしなければいけない。

もちろん、雨に備えるのは投手だけではない。同じように野手も雨の中で練習している。

「ウチのグラウンドは水はけがいいから、少々の雨ならやるよ。雨の日はボールが滑るから、(外野手は1人で送球せず)カットマンを入れる練習をする。練習試合でも、できる程度の雨ならやる。滑って転ぶ経験はした方がいい。それと、ウチのグラウンドは芝じゃないから、雨で濡れた芝で球足が速くなるとか、そういうことは常にやっとかないかんわ。雨の方が番狂わせがあるんやから」

かつては明徳にもサブグラウンドにエアドームがあった。高知キャンプに来ていた近鉄が消滅し、譲り受けたものだったが、台風で飛ばされてしまった。その後も雨天練習場をつくる計画はあったが、台風に耐えられる基礎工事が必要で費用がかさむこと、学校から30分程度の場所にある春野ドームを借りられることもあって見送った。あれば便利だが、ないことをプラスに変えている。

この他にも準備にぬかりはない。不測の事態に備えた練習を数多く行っている。

「これは木内(幸男、常総学院元監督)さんに言われたんやけど、『遠征に行ったら一睡もせず試合をするのをやらしとかないかんぞ』と。試合前に緊張で寝られないときだってあるからね。寝られないからダメとなったら実力が出ないからね。それとアップを15分だけにして、すぐ試合するとかね」

試合前に交通渋滞に巻き込まれ、グラウンド到着が遅れることもある。それを想定しての練習だ。

これらに加え、試合の中でもあえてイレギュラーな状態をつくることもある。

「たまにやるのは、四番がちょっとケガしたとか調子が悪いときに、打順を変えずに、四番に同じポジションで力のないヤツを使うこと。本番で四番がケガするときだってあるんだから。四番が出てたって4タコの日もあるしね。『見てみろ。あいつが打てなかったらこうなるんや』ってわからせるね」

公式戦で中心選手がケガで不在となればチームが動揺する。普段からその選手におんぶにだっこでは、いざいなくなったときに勝負できない。いなくてもどう戦うかの練習をするのだ。

「あとは打順を変えて、やること。監督の頭の中には、ある程度『勝負がかかったらこの打順』というのはあるけど、ケガして変えざるをえないこともあるから、やるべきだね」

投手にも試合を想定したメニューがある。50球投げたあとにグラウンドを全力で1周走り、息が切れた状態でピッチングをする。

「ピッチャーが2アウトから全力疾走してアウトになって、すぐに投げるケースもある。そういった最悪のことを想定して練習やっとるかどうかは大事よね」

選手たちが弱いのは想定外のことが起きること。想定外を少しでもなくすために、あらゆる経験をさせる。監督にあって選手にないのは経験。経験を活かさなければ、それまで指導してきた意味がない。公式戦で動揺しないように、考えられるすべての準備をしておくこと。それが監督の仕事なのだ。

馬淵史郎のセオリー15

追い込み練習で暑さに慣れる

地獄の6月。智弁和歌山・髙嶋仁元監督同様、明徳義塾も夏の大会前の調整はしない（『智弁和歌山・髙嶋仁のセオリー』29参照）。

「6月は追い込み練習をやるよ。最悪の状態でもゲーム組んでね。ヘトヘトの中でどう戦うか。当然ですよ。調整なんか絶対しない」

この期間はノックに2時間もかけて徹底的に守備を強化するが、もっとも過酷なのがフリーバッティングと並行して行われるポール間ダッシュ。ライトからレフトまで10往復の20本。涼しければ15往復やることもある。

ただのポール間ダッシュではないのが追い込みといわれる理由。片道30秒、往復1分5秒のタイム設定があり、クリアできない場合はもう1本追加される。さらに、これを〝Vジャン〟と呼ばれるナイロン製の長袖を着て行うのだ。

「高知県の梅雨って暑いのよ。湿気100パーセントぐらいのイメージ。雨で下が湿ってて、日が照り出したら下からムンムン、上からカンカン。ノックのときはポジションの後ろにマイボトルを置かせて、水飲みながらやらしてるよ」

川崎新也コーチが現役だった01年から03年はポール間ダッシュのあと、さらに肩車をしてダッシュをしていた。

「20年前のことなんて忘れてるよ（笑）。昔はベースランニングでよく走ってたな」

じめじめした空気の中で上着を着て走るのは、夏の大会に耐えうる体力をつくるため。そして暑さや湿気に慣れるためだ。6月いっぱいは妥協を許さず、徹底して追い込む。

「7月に入って期末テストがあるんやけど、その5日間ぐらい練習を落とすでしょ。それがちょうどいい調整になるんよね」

ここまでやるから、「オレたちはここまでやったんだ」という自信が生まれる。「どこよりも練習した」という精神的なアドバンテージを得ることもできる。

「追い込んでほおがこけて、目だけぎらぎらしてるヤツが夏の大会で絶対活躍するんよ。目つきだけはちょっと違うってヤツがね」

調整なしの6月の追い込み練習。これが明徳の夏の強さにつながっている。

馬淵史郎のセオリー16

練習試合ではテーマ設定したうえで勝ちにこだわる

能力勝負ではない。野球を教え、流れを読み、うまさで勝利を呼び込むのが明徳義塾の戦い方だ。それゆえ、相手と実戦をする機会である練習試合は貴重な時間になる。馬淵監督は練習試合をどう活用しているのか。

「『今日のテーマはこれ』と言うね。『左の軟投派のピッチャーやから、詰まってもいいから反対方向だけ打て』とか『モーションが大きいからサードスチールができる。盗んでみろ』とか『今日はエンドランを多めにやるぞ』とか。勝ち負けにもこだわるよ。テーマをやったうえで勝たないと」

負けてもいいと思えばプレッシャーが半減する。プレッシャーを感じながら、いかに自分に課せられたテーマを実行できるか。それが公式戦にもつながる。

「だから、あまり力が落ちるところとはやらんね。土日損したみたいなもんやもん。もし相手が極端に落ちるところだったらウチも落とす。ボロ勝ちしたって意味ないよ」

大味な試合からは得られるものは少ない。接戦でしか味わえない緊張感を経験することで多くの学びがある。

「練習試合でも1対0、2対1、3対2のゲームはうんと勉強になるね。お互いが勝てる試合やから。あそこでミスしたから負けたとか、あのバント1個で負けたとかあるよね」

実戦は野球を教える絶好の機会。これはというプレーは見逃さず、細かく伝える。例えば、一死一塁で打者が初球を凡打したときはこんな感じだ。

「なんであそこで1球目打ったんや？　公式戦なら、ひとつバントの構えでフェイクかけて、カウントが整ったらエンドランが出る可能性があるケースじゃないか。『ストライクが来たから打ちました』ではチームとしてダメやろう」

二死一、三塁で一塁走者の誘いにつられ、三塁走者の生還を許す守備をしてしまったときはこんな感じになる。

「バッターが八番で明らかに打てそうにないんやから、やってくる作戦はそれしかないやろ。しかも、2ストライクに追い込んでるんやから、それぐらい勘ぐれよ。三塁ランナーをワンルックせないかんじゃないか。『一塁ランナーのスタートが遅かったから、しめたと思って投げてしまった』というのは恥ずかしいやろ。向こうはわざと遅らせて投げさせようとしてるわけやから」

今の高校生は能力こそ上がっているが、野球知識に乏しい。面倒でもワンプレーごとに見逃さず教えていくことが必要だ。

また、強豪チームのいろんなタイプの投手や野球を経験することは、大会のシミュレーションにもなる。

「練習試合でいろんな引き出しをつくっとって、試合になったときに『あのパターンでいくぞ』と言う。『あのバッターはあのときの試合の誰みたいなタイプやから、あのパターンの配球で攻めるぞ』とかね。それはやっぱり練習試合が活きてくる」

対戦経験のある選手やチームを引き合いに出し、〝仮想〇〇〟とすることでイメージしやすくするのだ。この他にも、練習試合でやっておくべきことがある。

「四番にスクイズさせることやね。というのは、万が一、競ったときにサインを出さんといかんときがある。打つ確率は3割しかないんやから。失敗してもね、『オレもスクイズの可能性がある』と意識さすことが大事。そうやって思わしとかんとね。『お前にはスクイズはない』なんて言うとったら、『しもうた。言うとけばよかった』ってことになるからね」

練習していないことは試合でできない。試合でやる可能性がある以上、準備させておかなければいけない。「練習しておかないといけない」と意識させるために練習試合を使うのだ。

判断など実戦でしか練習できないことは多くある。テーマやプレッシャーを与え、緊張感のある中で試合をして、野球を教える。すべては公式戦のため。無駄にできる試合などない。

第3章

育てる、鍛える

馬淵史郎のセオリー17

コントロールのいい投手をエースにする

1試合平均2・58個。

これが、夏の甲子園における明徳義塾投手陣の四死球の数だ。1試合で3個は出さない。制球力のよさを表す数字だといえる。

「コントロールのええピッチャーがエースになるからね。八番、九番にツーナッシングからフォアボールを出すのはエラーと同じよ」

現在は球速よりもコントロールを重視する馬淵監督だが、監督に就任してしばらくは素材がよく球威のある投手を起用していた。96年に初めてセンバツに出場したときのエース・吉川昌宏はサイドスローながら本格派。1、2回戦で2試合連続2ケタ三振を奪った一方、3試合27回で19四死球を与えている。98年のエース・寺本四郎は左腕からの140キロを超える速球が武器。だが、荒れ球で制球が定まらず、センバツでは21回3分の1を投げてなんと31四死球を与えている。吉川は亜大、ローソンを経てヤクルト、寺本は高卒で千葉ロッテに入団する好素材だったが、ボール球が多く、守りのリズムをつくるには適さなかった。

「寺本はいつフォアボールを出すかわからん。だから何点勝ってても、コントロールのないピッチャーは怖いんよ」

以後、馬淵監督は素材や球威よりも制球を重視。02年夏の甲子園優勝投手・田辺佑介（6試合51回3分の2を投げて12四死球。9イニング平均2・09個）のように守りやすい投手を育てることで、継続して勝てるチームをつくった。

「野球は125キロでも打てない球はある。新地（智也、20年のエース）なんか交流試合で122キロやった。コースと高さをしっかり投げれば、3人に1人しか打たれない」

普段から徹底して言うのは球速よりも制球力。ブルペンで意識させるのも制球力だ。

「コントロールをよくするためにはフォームやね。コントロールがいいフォームってあるんよ。まっすぐ足を上げて、まっすぐ（本塁に）向かっていって、まっすぐ腕を振ったらストライクゾーンにいくようになってんの。それがクロスステップになったり、身体が先に開いてしまうと腕を正面で振れない。簡単なことよ。それでスピードがあったら鬼に金棒ということ」

制球力を磨く際に重視するのは、右投手なら左打者の外角（右打者の内角）、左投手なら右打者の外角（左打者の内角）の球だ（図1）。プロ野球の名監督・野村克也が「外角低めは原点」と言うように右投手に右打者の外角を練習させる指導者がほとんどだが、馬淵監督は逆だ。

「右ピッチャーが右バッターの内角の高めへは、腕を振ったらそこにいくんよ。それを長いこと持ってアウトローへもっていくと身体の負担も大きい。だからプロもキャンプ前半なんか立ち投げが多いでしょ。どうしても低めに投げると身体の負担が大きい」

右投手がまっすぐステップしてまっすぐ腕を振ったら左打者の外角（右打者の内角）にいく。無理なく投げられるコースがそこなのだ。投げやすいのは高め、投げにくいのは低め。簡単なことから練習する。まずはストレート、次に変化球。外角の変化球をものにできるかが勝てる投手になるためのカギになる。

「一番打ちにくいのは遠いところから遠いところよ。左ピッチャーなら、右バッターの外からベースの後ろ側をよぎるような球がバッターは一番嫌。外のボールゾーンから外のストライクゾーンに入ってくる球やね（図2）。これは接点がない。前で打とうとしたら絶対にバットに当たらない。必然的にヒットゾーンは少なくなる。外のコントロールがいい左ピッチャーなら勝てるよ」

勝つ投手になるためには、大前提が外角に制球よく投げられること。それができたあとに内角を練習する。

「外の球が軸だったら、バッターはどうしても外に目がいくから、たまに内に投げられたときにめちゃくちゃ威力がある。よく左ピッチャーの命はクロスファイヤーっていうけど、オレはそうじゃないと思う。クロスファイヤーしか投げれないと、終盤疲れて右のインコースを突いたのがシュート回転して打たれる。左ピッチャーは外のコントロールよ」

右打者の外角に投げられれば、必然的に左打者の内角に投げられるようになる。左対左で内角に投げられる投手は少ないため、抑えられる確率は上がる。右投手も同じ考え方だ。

図1 投手はまずこのコースから練習すること

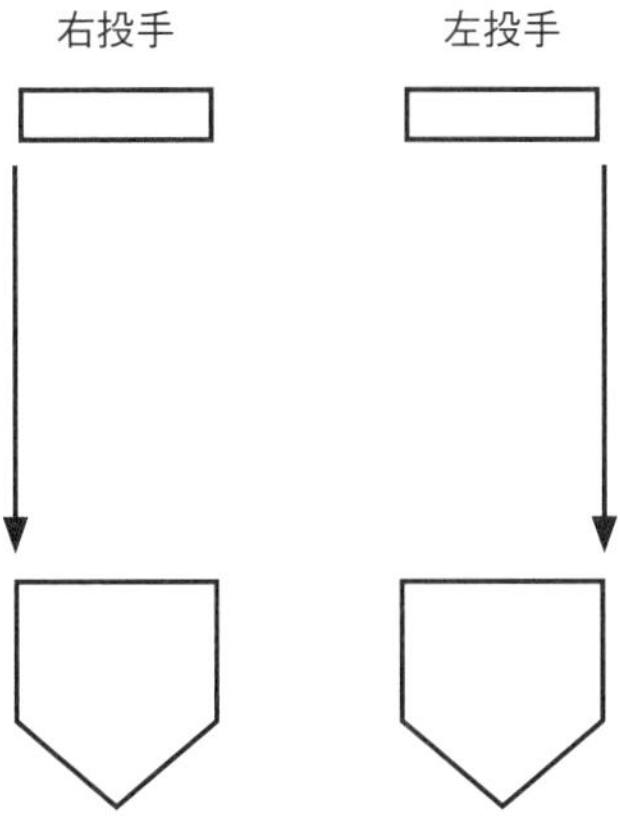

図2 打者が打ちにくいコース

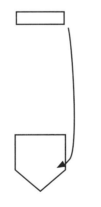

「右ピッチャーも同じよ。だいたいが右バッターのアウトローを練習するから左のインコースに投げやすいというけど、そうじゃない。左バッターの外のコントロールがええピッチャーじゃないと勝てません」

吉川、寺本以外でプロ入りしたのはいずれも右サイドスローの高橋一正（元ヤクルト）、松下建太（元埼玉西武）、市川悠太（現東京ヤクルト）だけ（現楽天投手の石橋良太は高校時代野手、現埼玉西武・岸潤一郎は野手としてプロ入り）。常時140キロを投げる投手はいない。それでも8年連続夏の甲子園出場。12年夏、16年夏には4強入りしている。制球力のある投手なら勝てるという証明だ。

「ファインプレーは野手だけじゃできない。『ここに投げるだろう』というところに投げるからスタートが切れる」

コントロールがよければ守備にもリズムが出る。守備のリズムは攻撃にもよい影響を与える。相乗効果でチームがよい方向に向かっていく。いかにコントロールが大事か。練習する順番と投げるコースを間違わなければ、勝てる投手になれる。投手はスピードではない。コントロールなのだ。

馬淵史郎のセオリー**18**

投げ込みで投げる筋力、体力をつける

1日200球から250球――。

肩は消耗品という考え方が広まり、投げない風潮になっているが、投げ込んでつくるのが明徳義塾の投手育成法だ。02年夏の甲子園優勝投手・田辺佑介の時代は1日350球投げることもあった。当時の甲子園は休養日もなく準々決勝以降は3日連投。3回戦の2日目に当たれば、決勝まで4日連投しなければいけなかった。「練習でできなければ、甲子園ではできない」という想いで投げ込ませた。

「200以上投げ込みやるぞというときは、あんまり突き詰めて難しいことは言わずに、まず球数を投げさすね。キャッチャーからボールをもらったら、そのままバンバンいけと。投げるスタミナと走るスタミナはまったく別物やから。投げるスタミナは投げてつくらないと。古い言われるかもわからんけど、肩ひじがどうこう言うけどね、やっぱり投げないと覚えない」

馬淵監督がこだわるのは正しいフォームづくり。故障を防止するためにも、無理のない投球フォームの完成を目指す。

「バランスやね。足をついてから、後ろ足が流れないようにして、右ピッチャーなら身体がファースト側に倒れないようにする。（捕手に対して）まっすぐに出ていって、まっすぐに入れ替えて、まっすぐ見るという感じ。本当の勝負は150球を過ぎたぐらいから。そこから覚えるんよね。疲れてきて腕だけじゃ投げれんから。足首からひざ、腰、肩、ひじ、手首と順番通りつながっていって、最後に腕を振ったらボールがピュッといく。途中から順番がおかしくなるヤツがおるけど、それは腕だけで投げてるから。順番通り投げたらフォームが美しいんよ」

250球といっても全力で投げるわけではない。6~7割の力で球数を多く投げる。疲れてくると余計な力が入らないから、自然とよいフォームになってくる。

「リリースまでは、腰からいかんよ。（ボールを）放したら下がロックされて、最後に腰が回るわけ。（前の肩と後ろの肩の）入れ替えがきちっとできたら絶対コントロールはよくなるし、いいボールがいく。リリースしても下から動いてたら、いつまでたっても入れ替わらない。必ず理屈がある」

投げ込みをする場合は1人ではしない。プロ野球のキャンプのように必ず複数の投手を並べてやるのが特徴だ。

「1人で投げさすのはよくないね。投げさすなら5人ぐらい、いっぺんに投げさせた方がいい。横を見るでしょ。自分も負けたらいかんと思って投げるのは、ものすごくいい。みんながグッと上がってくる」

投手間に力量差があったとしても構わない。周りで投げているのが刺激になる。

「やっぱり人間も動物やなと。競馬じゃないけど、競争になるよな。1人で投げたら比較するものがないやろ。雰囲気が出てこない。ウチは5人が投げれるブルペンやけど、必ず誰か1人が投げる。自分だけ自分のペースで投げようとするな。自分の番に来たら順番通りすぐ投げろと。体力ないヤツはよう投げんからね」

投げるペースは1分間に5球。20分で100球だ。

「100球投げるのに小1時間かかったらピッチングにならん。1分間5球のペースが一番気合が入る。1分間6球はちょっと酷なとこあるけどね。だからオレは時計で計ってるよ。20分たったら『100球いったか?』って。『90球です』言うたら、『遅いぞ』という感じよね。20分で100球、40分で200球投げれる」

ダラダラと投げるのではない。競争しながらハイテンポで投げる。これによって、投げる体力もつくし、試合でのテンポのよい投球につながる。オフシーズンも週に2回程度は投げ込みを行う。

もちろん、毎回250球投げるわけではない。70球しか投げない代わりに「全力でいけ。1球たりとも気を抜くな」ということもあれば、ゆっくり時間をかけてフォーム矯正に取り組むこともある。

シーズン中になれば、土日の練習試合で出た課題を克服するための練習もある。

これだけ投げると故障を心配する声が出てくるが、明徳では肩ひじを故障した選手はいないという。

「壊れるヤツはいないね。壊れそうなヤツは『お前壊れるぞ。やめとけ』って言うたるもん。『バッティングがいいから野手になれ』って。そうやって自然淘汰されて、コントロールのいいヤツが残るんよ」

故障につながる投げ方をしている選手は馬淵監督がストップをかけ、野手に転向させる。残るのは、無理のないフォームで投げる故障リスクの少ない選手ということになる。その選手らをよく観察し、コミュニケーションを取って、肩やひじにハリや違和感がある場合にはエースであっても練習試合に帯同させない。場合によっては2週間ノースローということもある。ただ投げ込むだけでなく、しっかりと状態を見極め、無理はさせないようにしている。

投げ過ぎはよくないが、投げなさ過ぎもよくない。コツをつかみかけているときは、くり返しやることで感覚を自分のものにできることがある。〝そのとき〟を逃さないためにも、ある程度投げることは必要なのだ。野球は投手主導のスポーツ。ボールにタイミングを合わせなければいけない打者や打球に合わせなければいけない野手と違い、投手だけは自分の間合い、タイミングで投げることができる。いかに投球フォームの再現性を高められるか。そのための投げ込みなのだ。

馬淵史郎のセオリー**19**

投球練習の3分の2はセットポジションで投球する

「常に試合を意識して練習しろ」

野球に限らず、スポーツをやっている選手なら誰もが言われることだろう。ところが、強豪校の練習を観ていても、首を傾げたくなる場面に数多く遭遇する。そのひとつが、ブルペンでワインドアップで投げ続ける投手がいることだ。ちゃんと指導をしていないと、試合でこんなことをしてしまうことになる。19年ヤンバツの明豊対横浜戦でのこと。4対10と大きくリードされた展開で横浜の木下幹也（現巨人育成）がブルペンで延々とワインドアップで投球していた。味方の投手陣が打たれており、走者を背負っての投球が多くなると予想される状況。それでもセットポジションでの投球をしなかった。もちろん、明徳義塾ではこんなことはありえない。

「ブルペンでワインドアップばっかり練習してるピッチャーはダメ。オレはね、3分の2はセットでやらすんよ。ワインドアップの方が球威は出るし、大きく育つというのはわかる。わかるけどね、練習では最低でも半分はセットよ。セットのピッチングがええヤツじゃないと勝てん。ランナーが出ると狂うというピッチャーがだいたい崩れていくんやから。瀬戸内の山岡（泰輔、現オリックス）とか、ランナーがいなくてもセットで投げるピッチャーがおるけど、勝とうと思えば正解でしょう」

投手はクイックとフィールディングができなければ3割引きというのが馬淵監督の持論。各塁の走者を想定しながらセットポジションでクイックの練習をしておかなければ、どんな剛球を投げる投手でも試合では通用しない。

「だって、ランナーが出ることの方が多いんやから。ということは、セットの投球の方が多いんやから。セットでもランナーを想定してやらないと。優勝できるピッチャーは、セットの方が投球がええヤツ。田辺（佑介）がそうやった。完封しても7、8安打打たれる。でも、セットがよかった」

左右共通でクイックは最低1・2秒以内。左投手の場合は走者二塁時の首の動きも練習しておかなければ三盗されてしまう恐れがある。二塁を1回見る、2回見る、3回見るなど意識して首の使い方を変えて練習しなければ、試合ではワンパターンになってモーションを盗まれる可能性がある。試合を想定するとは、そこまでやるということ。ただセットポジションで投げるだけでは足りないのだ。

馬淵史郎のセオリー20

代打専門の選手を育成する

100年を超える夏の甲子園の歴史でわずか16本しか生まれていない。それが代打本塁打だ。そんな稀少価値のある本塁打のうち、2本も明徳義塾の選手が放っている。10年夏・本庄第一戦の座覇政也と14年夏・智弁学園戦の田中秀政だ。

キャプテン・座覇の本塁打が出たのは、0対2とリードされて迎えた6回裏だった。一死走者なしの場面で九番・今里征馬の代打で登場。スライダー2球（見逃し、空振り）で簡単に追い込まれた。スライダーにまったくタイミングが合っていなかったが、カウント1―2から相手エース・田村和麻が投げたのはストレート。座覇はこれを完璧にとらえ、レフトスタンド中段まで運んだ。

「あのホームランで流れが変わった。代打でホームラン打つんやからね。当然、スライダーや思ったらストレート投げてくれて1、2、3でなぁ（笑）。ワンバン（ワンバウンド）のスライダーを空振りしてるのを見たら、誰が考えてもスライダーよ。向こうの監督もめちゃくちゃ怒っとったやろ。決勝ホームランじゃなかったけど、あれでウチは勢いに乗った。もう三振やと思っとったんやから盛り上がるわな」

得点はまだ1対2だったが、これで形勢は逆転した。7回裏に3点を挙げて逆転すると、8回にも2点を追加。6対2で勝利し、春夏通算の初戦連勝を20にのばした。

田中が登場したのは7回裏。1点を追加し、5対3とした直後の二死一、三塁の場面だった。初球のチェンジアップをフルスイングすると打球はレフトスタンドへ。田中自身「打った瞬間、入ったと思った」という手応え十分の当たりだった。

「あいつは最強の代打だったね。練習試合で代打ホームラン7本打ってるから。バッティングだけ見たら群を抜いてるよ」

〝最強代打〟の称号通り、田中の代打成功率は驚異的だった。高知県大会でも4打数3安打、7打点、1本塁打。決勝の高知戦では4点リードから一気に5失点し、ひっくり返された直後の5回表二死満塁の場面で起用され、逆転の2点タイムリーヒット。カウント1―2と追い込まれながら、「変化球一本に絞っていた。狙い通りです」とカーブをセンターに運んでいる。打ってほしいところで必ず打つのが田中だった。

このように、明徳では毎年、代打専門で活躍する選手がいる。例年、4月になるとレギュラーは無理でも打力のある選手が指名される。田中もその1人。その前から打力は評価されていたが捕手としては肩が弱く、守備に不安があった。178センチ、83キロの体型で走塁も得意ではなく、2年秋の練習試合では走塁ミスをして馬淵監督から「お前は絶対使わん」と言われている。3月のセンバツではメンバー外。甲子園ではボールボーイを務めていた。代打専門になってからは、守備練習は免除。チームメイトがノックをしている間は、ひたすらティー打撃を打つ。この他、自主練習としてバドミントンのシャトルを打つ、通称〝羽根打ち〟をしていた。甲子園のお立ち台で、田中はこう言っている。

「代打は1球をどう仕留めるか。風で揺れるシャトルをバットの芯でとらえることで、感覚を養いました。打てたのはシャトル打ちのおかげです」

代打のスペシャリストを育成するにあたり、馬淵監督が心がけているのはひとつ。チャンスでの打席経験を積ませることだ。

「練習試合では（午前、午後の）2試合とも必ずいっぺん使うようにしてる。ここ一番の敬遠されないところでね。二、三塁で出したら絶対敬遠される。そうじゃなしに、フォアボールを出したら次の当たってるバッターにまわるとかね、そういうところで使う。失敗させることも大事だよね。代打で2割5分打てたらすごいんやから」

口酸っぱく言っているのは、ベンチで相手の配球を観察しろということ。

「ずっと配球を見とけと。だいたい変化球で入るよね」

代打は打ち気満々で来ることが多い。それを考え、バッテリーは変化球から入ってくる。ピンチの場面ではなおさらだ。田中が打った3ランはまさに初球の変化球。配球の読みとシャトル打ちで、1球で仕留める確率を上げげた結果だった。

「今は代打が大事になってきたね。昔は代打が出てきて、勝負所でホームラン打って勝った試合なんてなかったから」

1球で流れを変えることができるのが代打。守れなくても、打てればチャンスがある。得意なことだけに特化し、長所を伸ばす。ここ一番で頼りになる代打のスペシャリストが控えているのも明徳の強さなのだ。

馬淵史郎のセオリー **21**

ランナーコーチを育成する

「ランナーコーチはランナーコーチだけでいいと思ってるからね。相当教えるね」

馬淵監督がそう言うほど、こだわっているのが三塁のランナーコーチだ。

「明徳のランナーコーチはうまいってほめられるよ。ウチはランナーコーチのミスで負けたいうのはないいん違うかな。暴走させて負けたとか。これだけコーチャーに神経使ってやってる学校が全国に100あるかな」と言うぐらい自信を持っている。

馬淵監督が求める条件は声が大きいことと野球を知っていることだ。走者二塁のシングルヒットでコーチャーがまわす基準は、外野手が捕ったときに二塁走者が三塁ベースを踏んでいるかどうか。

「通過してるか、同時か、手前か。外野の位置がまず大事やね。前進してるかどうか。あとは外野の肩、捕球体勢、ランナーの足、加速のつくランナーかどうか、打順……。横の打球はすぐ投げれんからね。そういうことを察知できるように、やかましく言ってる。練習試合のときは細かく言うね。『なんであそこで止めた？　次はピッチャーで打てんのに、なんで一か八か行かさんのや』とか」

実戦の機会を利用して、そのたびに細かく教えていく。

「いつも口酸っぱく言ってるのは、野球は状況判断ができるかどうか。状況判断するためには、予備知識として頭の中にイニング、得点、アウトカウント、次のバッターが当たってるか当たってないかとか、全部インプットしたうえで、一瞬で判断せないかんわけよ。『あとから考えたらそうだった』では野球は間に合わんのやから。これはランナーコーチに限らず、バッターもピッチャーもやけどね。毎年やかましく言うて、夏ぐらいにできるようになる」

この他にも、覚えておかなければいけない約束事がある。

「2アウトでピッチャーがランナーのときは、100パーセントセーフになるとき以外は絶対ストップさせろと。例えばピッチャーが2アウトから右中間に打って、サードを欲張ってタッチアウトになることがあるよね。ファウルグラウンドで水飲んで、すぐマウンドに行って投げなきゃいけない。こういうときは1球目ボール、2球目ボールってなるわけよ」

アウトかセーフかという結果論ではなく、内容を見ながら、野球を教えながら指導する。そのうえで重要視するのは、けん制死を防ぐこと。けん制死は流れを相手に渡してしまうからだ。

「野球がわかってないといかんよね。セカンドけん制とか、ここはけん制来そうだなというのが来る前にわからないといけない。来そうだなというのに見てる能天気なヤツはいかんわ」

実は、明徳義塾が相手のランナーコーチに救われた試合がある。17年夏の甲子園1回戦・日大山形戦だ。3対3で迎えた延長10回裏二死一塁から日大山形の七番・鹿野佑太の打球はライナーでライト線へ飛んだ。三塁に走ってきた一塁走者の石川陸貢に対し、三塁コーチャーの沼澤大輔はストップの指示。石川はオーバーランして止まったが、その間に明徳の中継プレーが乱れていた。ライトの西浦颯大（現オリックス育成）の送球をセカンドの近本攻生がはじき、ボールは芝生の上を転がっていたのだ。走っていれば完全にサヨナラ負けだったが、止まってくれたおかげで後続を断ち、延長12回表に3点を挙げて勝利を拾った。

「ランナーコーチの大切さが身に染みた試合でした。ライト方向で（三塁からは）一番遠いところ。ランナーがオーバーランして、自分で判断してファンブル・ゴーしてたらサヨナラだった」

まさに九死に一生を得たプレー。こういうことがあるから、育成に手を抜くことはできない。ランナーコーチの判断が勝敗を決める。どれだけその覚悟を持たすことができるか。責任と誇りを持って取り組ませることが必要なのだ。

馬淵史郎のセオリー**22**

スターはつくらない

星稜・松井秀喜（元ヤンキース）、横浜・松坂大輔（現埼玉西武）、早稲田実・清宮幸太郎（現北海道日本ハム）……。数々のスター選手と対戦してきた馬淵監督は「高校野球のことを考えたらスターは必要」と言う。だが、自分のチームには決してスターはつくらない。明徳義塾からプロ入りした選手は数多いが、高校野球雑誌で表紙を飾るようなスターはゼロだ。

「やっぱり、高校野球はスターをつくっちゃいかんね。マスコミのほめ殺しもあるしな」

近年は小学生時にプロ野球のジュニアチームに選ばれ、ボーイズやシニアの日本代表、U－15日本代表などに入ることがステータスになっている。親子ともども勘違いしてしまうケースが少なくない。だから、馬淵監督は主力選手にもあえて厳しいことを言う。ときには突き放すこともする。16年夏に甲子園で4強入りしたときのエース・中野恭聖は、背番号1で臨んだセンバツ1回戦の龍谷大平安戦に先発するも、2者連続本塁打を浴びるなど3回8安打3失点でKO。大会後は1か月半、練習試合にも帯同を許されなかった。春の四国大会もベンチ外。夏の高知県大会も背番号11だった。

「『私は小さい頃から挫折を経験したことない』ってヤツは絶対信用しない。なんかで絶対挫折を経験して学んでいくはずなんよ。若いときは敗者復活戦があるんやから」

順風満帆では気づかないことがたくさんある。人間はうまくいかないことがあるから、考えるし、工夫する。失敗し、負ける経験があるから強くなるのだ。

「ほめて伸ばすってよく言うけど、スターで育ってきたヤツはガキの頃からそういう扱いをされてるやろ。そんなヤツは、叱られたら動けなくなるときがあるんよ。社会に出ても、ほめられないと動かないようなヤツが多いわけよ。オレは、それは反対やね。やっぱり悪いことは悪いで注意してやった方が親切よ。25歳にもなったヤツが、ちょっと上司にガツンと言われたら動けないとか、ガキの頃からの育て方が悪い。ガキの頃から持ち上げられて、叱られた経験がないんよね」

親も叱れない世の中。高校野球の監督が叱れなくて、誰が叱るのか。苦しい思いをして、そこからはい上がるからこそ、本当の強さが生まれる。

「人間はね、1回地獄を見たヤツは強いわ」

甲子園の連続出場記録、甲子園の初戦連勝記録……。ただでさえ、他の学校よりプレッシャーがかかるのが名門の宿命。苦しさに耐えられる、芯の強い人間でなければ明徳のレギュラーは務まらない。

馬淵史郎のセオリー23

さりげなくほめる

めったにほめない。

それが、馬淵監督だ。それゆえ、ほめられた選手の喜びは倍増する。14年夏に代打として活躍した田中秀政は、高知県大会決勝で代打逆転タイムリーを放った試合後、「よう打った。お前のおかげだ」と声をかけられたが、それが3年間で唯一のほめ言葉。「あとにも先にも監督さんにほめられたのは、あの1回だけ。びっくりしました」と言っている。18年のセンバツ1回戦・中央学院戦で9回裏二死から逆転サヨナラ3ランを打った谷合悠斗も、試合後に「今日はお前で勝った」と声をかけられ、「監督さんと握手したのは初めて。監督さんからしてくれた」と顔を紅潮させていた。

「ほめることは少ないね。オレはこう見えてもシャイな性格で、照れくさくなるんよ。選手もわかってると思う。『監督はほめたいんやけど、できないんやな』いうのが」

田中や谷合をほめたのは試合直後だったが、そうでないときも多い。声をかけるのは、だいたい翌日の練習時だ。

「さりげなく、『おい、よく打ったな』とかは言うてやるね」

活躍して、今日こそはほめられると思ったのにほめられない。がっかりしかけたところで声をかけられる。馬淵監督は決して狙っているわけではないが、間をおくから喜びが増す効果もある。

照れくさいのもあるが、馬淵監督がほめないのには理由がある。野球は1人では勝てないとわかってほしいからだ。

「やっぱり、チームプレーやから。勝ったいうても、そいつがたまたま決定打を打っただけで、チームの勝利やからね」

ラグビーのトライと同じ。得点を挙げたのはその選手でも、その場面をお膳立てしてくれた仲間が必ずいる。それをわかってほしい。

「みんながつないでくれたからと。そういうことやな」

ヒーローはいらない。スターもいらない。勘違いさせず、次の試合に臨む。それが明徳野球なのだ。

馬淵史郎のセオリー **24**

野球を教える

「オレがやると汚いと言われる」

そう馬淵監督が嘆いたプレーがある。高知県大会でのこと。走者一、二塁で平凡なセンターフライ。センターがわざと捕らずに二塁に送球。一塁走者をアウトにすると、飛び出した二塁走者もアウトにしてダブルプレーが成立した。内野手があえてフライやライナーを落とせば故意落球になるが、外野手には故意落球が適用されない。ルールを知っているからこそできる頭脳的なプレーだ。

「ルールで認めてるんだからね。それは技術やから。当然、やりますよ。特にセンター前なんかは、捕れる格好してたら二塁ランナーでタッチアップかハーフウェーか迷うヤツはいっぱいおるから」

明徳義塾では普段からシート打撃で練習しているプレー。練習とはいえ、いざやろうとすると忘れる選手が出てくる。その場合は内野手から「やれ、やれ、やれ」という声をかけることになっているが、試合で成功できたのは練習の賜物といえる。

ところが、県大会でそのプレーを見せると、周囲からは「フェアじゃない。汚いプレーだ」と批判された。

「『甲子園でやったら何か言われるよ』と言われたから、甲子園の監督会議で審判団のおる前で横浜の渡辺（元智、元監督）さんにどう思うか訊いたんよ。そしたら、『ピッチャーがバントのフライをワンバンで捕ってダブルプレー取ったらナイスプレーと言われるのに、外野手が落としたら汚いというのはない』と。その通りなんよ。力のないチームでも、研究を重ねてそういったことをやったら、勝負できる可能性があるスポーツが野球なんよ」

近年の高校野球は二極化が進んで番狂わせが少なくなったが、野球は他のスポーツよりも番狂わせが多いスポーツだといわれる。

「ヨーイ、ドンで走って10秒台で走るヤツに13秒台で走るヤツは勝てんよね。けど、野球はフライングができるんやから。リスクはあるけどね。盗塁のときに早めにスタートが切れたら、足が遅くても10秒台と同等にやれる。『このピッチャーはこのクセが出るとホームに投げる』と前もって知ってたら、対等にやれるスポーツだから面白いわけよ」

能力差を頭や工夫、データや研究で補うことができる。

「ピッチャーでもバッターのことがわかってきたら、投げるボールもだいたいわかってくる。『こういうバッティングするんやったら、ここに投げたらいい』とかね。同じボールを投げるんでも、投げ方を間違ったら打たれるけど、間違えんかったらいいボールになる。力勝負するんやったら、日本全国から身体のデカいヤツを集めてぶんぶん振ればいいんよ。そんなん野球じゃない。心理戦とかかけひきがあるから、野球は奥が深いんよ。だって、考える時間が長いから。座ってる時間が長いんやから。座ってる時間に、どうやって相手を心理戦に持っていくかを考える。相手のクセを読むとかね」

いつ勝負して、いつ勝負しないか。誰と勝負して、誰と勝負しないか。それが選べるのも野球の面白さだ。

「実力があれば全部勝負したらええけど、勝負を避けないかん場面は出てくるわけ。点差か内容によっては、『(敬遠ではなく)ボール球投げて打ってくれたらもうけもん。打たんかったらフォアボールでもええわ』というときだってある。選手がそれをわかっとかないかん」

なぜ、今この作戦を使うのか。なぜ、今監督はこの指示を出したのか。それが理解できて、初めて作戦は成功する。指示通り動けばいいのではなく、意図までわかってプレーしてこそ、いいプレーが生まれる。だから、必然的に話は長くなる。試合中にはボヤくし、試合後はミーティングの時間を多く取る。

「お前、あそこはくさいとこ投げてフォアボールでもよかったんで。敬遠まですることないけど、ファーストがあいてるし、次のバッターは当たってないんやからな。それと、あのバッターは『打ちたい、打ちたい』っていう性格なんやから、変化球をワンバン気味に投げたら振ってくれる。そうやなくても、自分の好きなとこよりちょっとボール球投げたら、ファウル2本で2ストライクに追い込めるやろ。そっから勝負したら打ち取れることもあるやろ」

「なんでお前、あそこであのボール打った？　あのボールは打っちゃいかんやないか。あの回からピッチャーが代わった。2ボールになった。それは、マウンド慣れしてないからや。次の球はど真ん中でも絶対打っちゃいかん。カウント2―1から勝負やろ。データも何もないピッチャーが来て、2―0からストライク取るなんて誰が知ってるんや？　野球知らんヤツは2―0からカーンとフライを打つ。2―1からボールが来て、3―1。そこでフォアボールなら、流れが一気に変わるんや」

試合中も試合後もこんな調子で話は続く。もちろん、ミーティングは試合後ばかりではない。普段も頻繁に寮で行う。グラウンドから車で15分のところに自宅のある馬淵監督だが、例年、夏の大会前は6月1日から、秋の大会前は9月1日から学校敷地内にある青雲寮に泊まりこむ。その期間の夜に多くやるのだ。

「2日にいっぺんぐらいやるね。オレは結構昔の話を覚えてるから、『この1球で決まった』とか過去の話もしてな。あきないようにビデオを見ながらとかもやるよ。面白いんよ。ミーティングで強くなるんよ、野球は」

馬淵監督と選手では野球の知識差が大きい。経験も視野の広さも違う。くり返し話して、野球観を同じにしておくのだ。これを怠ると大事な場面で意図が伝わらないことになりかねない。

「例えば2点差で8回、9回。ランナーが1人出て、『ここで一発食うたら怖いな』というときがあるじゃない。そこは相手にわかっとってもアウトローなんよ。カッコよく打ち取ったろうと思わんでもええ。シングルで1点ならええけど、同点ホームランだけは避けないかん場面だろと。そのときは力勝負したらダメなわけや。他には先頭バッターとか、2アウトランナーなしでカウント2ボールになったらどうするか。打たないよね。2―0から打つのと2―1から打つのとどれだけ違う？　変わらないと思うけどね。待てのサインは出さないけど、野球がわかってるヤツは打たないよ。平気で打ってくる学校もあるけど、そんな選手は大学行っても活躍できんよ」

面倒くさがらず、そのたびに話をしていく。同じ1球でも意図がわかった1球と、何となく投げた1球では結果は変わる。大会で必ず来る〝ここ一番〟のために伝え続けるのだ。野球脳を鍛えることで能力の差を逆転できることもある。野球はミーティングでも強くなれるのだ。

馬淵史郎のセオリー25

けん制球を投げる意味を教える

なぜ、けん制球を投げるのか。

この意味を知っているだけで、投げるタイミングも使い方も変わる。ところが、高校生にはそれを知らない選手が多い。それは、明徳義塾の投手も同様だ。「けん制の目的ってなんぼある?」という馬淵監督の問いに対し、返って来た答えはこうだった。

「アウトにすること、ランナーのリードを小さくすることです」

もちろん、間違ってはいない。だが、明徳義塾の投手の答えとしてはさびしい。その返答に馬淵監督はこうつけ加えた。

「その2つだけじゃない。相手の出方を見るのと間を取るのと4つある。同じけん制球でも4つあるんやぞ」

野球は間のスポーツ。ボールが動いていない時間をどう使うかが大事だ。特に投手は自分がボールを持っているため、間を支配する権利がある。

「打たれてるときはテンポがホント早くなる。けん制球を投げたりする余裕がない。アウトにするつもりではなくて、外してけん制しないと」

相手の出方を見るというのは、例えば無死二塁や一、二塁の場面。送りバントでくるのか、ヒッティングでくるのか。足を上げて二塁へのターンけん制をすることで、打者が一瞬送りバントの構えをすることがある。そうやって探るのだ。

「ある意味では、相手の出方を見る方が大事なんや。あとは、バッターが打ち気に入ってるときにパッと外してけん制を投げるとかね。そうしよるうちに、相手が何を狙ってるかわかるときもある。タイミング的にね」

情報がなければ、情報を引き出してやればいい。それが野球の面白さ。走者をアウトにするのだけがけん制ではない。けん制球を1球投げるだけで、その後の展開が変わることもあるのだ。

第4章

研究、分析、準備

馬淵史郎のセオリー**26**

相手を徹底的に分析する

馬淵監督の就任以来、明徳義塾は甲子園の初戦で春夏通算20連勝を記録した。常総学院の木内幸男元監督は「番狂わせを起こすなら、初戦か決勝」と言っていたが、緊張感のある試合だけに高校生がいつも通りの実力を発揮するのは難しい。なぜ、その初戦に明徳は強いのか。大きな理由が相手を分析する力に長けているからだ。特に初戦は分析する時間がたっぷりある。

分析するには、相手の情報や映像を入手しなければいけない。現在はインターネットや動画サイトの発達でかつてより容易に手に入れられるようになったが、以前はそうではなかった。

「相手チームと県予選の準決勝や決勝でやった監督と知り合いやったら、めちゃくちゃ有利やね。抽選が決まったら、10分後ぐらいにその県に電話かけれる相手がおるかおらんかよ。センバツなら練習試合の記録が雑誌に載ってるから、自分の知ってる監督が試合やってるか。実際やった感じを聞くと違うわね」

分析するうえで試合映像は欠かせない。どのように入手するのか。

「ボーイズやシニアの関係でウチの選手と同じチームの子が、ライバル校に行ってることが結構ある。親同士が、テレビのビデオを持ってるか持ってないか確認する。大阪なら1時間もあれば宿舎に持ってきてくれる。抽選が決まって1時間後には届いとるな。テレビのビデオが手に入ったら大きいね」

馬淵監督が考える、映像を見る際のポイントはこれだ。

「ずっとビデオを見てたら欠点がわかってくる。ピッチャーの欠点、バッターの欠点を見逃さない。そのためには、そのチームが負けたときのデータを集めないかん。勝った試合はいいとこしか出てない。そのバッターが打てなかったときに、どういうタイプを打てないかとか。例えば清宮（幸太郎、早稲田実、現北海道日本ハム）にどういう球種が有効なのか。バッターのええのは打ち取ることができる。入江（大生、作新学院、現横浜ＤｅＮＡ※高校時代は打者。甲子園で３試合連続本塁打の大会タイ記録を樹立）なんかも絶対打たれん。外回りスイングで外角高めの甘め以外打てない。内角は絶対ファウルになる。だからウチは１本も打たれてない。バッターのええのは欠点探したらええ。４打席しかないいんやからなんとかなるんですよ。だから、打つチームはそんなに怖くない。ピッチャーがいいとこと当たるとすごく嫌やね」

そのため、もっとも重点的に見るのは投手ということになる。特に見るのが配球だ。

「ピッチャー有利のとき、バッター有利のときに何を投げるか。昔から、3―1から何投げるかを見ろといわれる。3―1から投げるボールいうのは、自分の一番自信のあるボールや。フォアボールを出したら嫌やからコントロールに自信のあるボールしか投げない。特にフォアボール出したら困るとき。先頭バッターとかはね」

この他にも重視して見るポイントがある。

「初球から変化球を投げてくるヤツは案外、『入ったらラッキー』という感じで変化球に自信のないヤツ。入ったらもう1球投げてくる。配球表からいうたら変化球は3割あるとかいうけど、だいたい2―0から変化球投げれんヤツは初球に投げる。ボールやったら、あとは直球ばっかりや。2―0、3―1から変化球をポーンと投げれるヤツは変化球に相当自信があるヤツ。なくて七クセよ」

また、球種を予測するのに貴重な情報となるのが捕手だ。構え方にクセが出る。

「真ん中あたりに大きく構えとったらだいたい変化球や。構えがちっちゃくなったら直球や。これはね、高校野球は多いよ。ピッチャーにクセが出んでも、キャッチャーの構えでわかる」

捕手が大きく「低めに投げろ」というジェスチャーをすると変化球の場合が多いが、馬淵監督は捕手にあえて低めのジェスチャーをしてからストレートを投げさせることも指導している。

「ランナーコーチが声を出して教えるから。バカなヤツはだまされるよ」

このようにクセが出やすいのが高校生。そのため、明徳義塾は相手投手のクセの分析にも力を入れる。コーチ陣がくり返し映像を見て、探し出すのだ。

「セットの高さ。だいたいストレートは若干高め。変化球は低め。なんともいえない違いがある（笑）。あとはセットの入り方、手首の向き。首振ったときは、けん制はないとかね」

13年夏の甲子園2回戦で対戦した瀬戸内・山岡泰輔（現オリックス）、16年夏の甲子園準決勝で対戦した作新学院・今井達也（現埼玉西武）は100パーセントクセがわかったという。

「山岡は全球セットで放るんやけど、セットにゆっくり入ったらストレート、スッときたら変化球。これはピッチャーを見抜くマニュアルの何個かあるうちのひとつ。これと反対のヤツもおるからね。今井はセットでの手首の向き。普通のピッチャーと逆やった。センターからのカメラ（テレビ映像）でわかっとったけど、打席から見えるか疑問やった。一番バッターに訊いたら『全部わかります』と言うから狙い球は全部決まってた。だから、アウトになってもまともな当たりやった。（西村舜の）ホームランも150キロのボールをレフトへまともなホームランやからね。選手は『たいしたことない。マシンの方が速い』って言いよったから。あの試合は点を取られすぎよ」

このようなことがあるから、コーチには相手ばかりではなく、自チームの投手のクセも見落とさないように指示している。

「ウチのピッチャーによう怒るんやけど、フォーク投げるとき二塁ランナーに見えるんよね。フォークならワンバンの可能性あるからファンブルしたら行ったろうと思われたら、パーンと行かれる。だから、普段から言っとかないとね。ゲームで投げるんやったら、下級生のときからクセの出ないように、ランナーに見えんように練習せえと」

この他には、大会雑誌の数字のチェックも欠かさない。

「これは丹念に調べないと数字のマジックもあるからね。盗塁30個といっても、1、2回戦しかしてないわけよ。相当機動力あるっていうけど、たいしたことない。平均的にね、準決勝、決勝で走ってるいうたら結構機動力あるチームやね。あとピッチャーを多く登録してるチームはたいして投手力がない。登録しても3人までよ。よければ2人だけ。だって18人しか登録できんのやから。ウチだって、松井を敬遠したときは5人登録したからな（笑）。まぁ、試合前ノックを見たら『ここが弱点や』いうのはだいたいわかるよ。ひとつのポジションに3人もいるのは絶対下位打線よ。ここは代打が出るぞって頭に入れとく。反対に1人しかいないところは絶対主力の上位打線や」

もちろん、実際に練習試合をしていれば、そのときの経験を利用する。13年夏の甲子園では3回戦で大阪桐蔭と対戦したが、相手の主砲・森友哉（現埼玉西武）が打席に入ると、セカンド・畑光の守備位置を変更。一塁側に寄って一、二塁間を狭め、さらに深く守った。畑がいたのは外野の芝生の上だった。

「6月の練習試合のときに『負けてええから打たせ。ひょっとしたら甲子園で当たるかわからんから』と。あれで飛ぶコースがわかっとったからね」

8回表二死二塁での第4打席では一、二塁間に痛烈なヒット性の打球を打たれたが、畑が捕球しセカンドゴロにした。

「はい、ラッキーって（笑）。打球が速いから深めの位置。あの打席もまともに芯でとらえられてるけど、練習試合ではあそこを2本抜かれてたからね。ええ当たりしたのにアウトにされたら、相手はツイてないと思う。そういうことも大事よね」

森が打席のときの守備位置を指示したように、相手の研究は分析をして終わりではない。選手にどう伝えるかもポイントになる。明徳義塾では対戦相手が決まると相手の映像を見ながらミーティングが行われる。「1回2時間で3回ぐらいやるかな」。1度ミーティングをしたあとでも、馬淵監督がビデオを見直し、新たな発見があればその都度変更、修正する。

「例えばカーブが打てませんというけど、このピッチャーのカーブは打てないけど、こいつのカーブは打つぞというのもあるから、ひとことで片づけたらダメよね。外が打てませんと言っても、右ピッチャーの遠ざかる外は打てんけど、左ピッチャーの近づいてくるカーブを打てるヤツは結構おる。そこらへんの分析をちゃんとしてやらないと。ひとことで片づけて簡単にしたはいいけど、間違うことがあるからね」

だからといって、複雑にしすぎてはいけない。細かいことも言いすぎてはいけない。やるのは高校生ということを忘れてはいけない。

「できるだけ簡単に説明してやらんと。難しいこと言うたらいかん。まあ3つまでだね。これとこれとこれ。端的に迷わんようにしてやる。その代わり、逃げ口上じゃないけど、『野球は100パーセントじゃないからな。逆もあるぞ。外を狙ったのが内に来ることもある』からなと。そういうタイプのピッチャーだということも言うたらないかんね。あとは『分析と反対のパターンで来るかもわからん。そういうことも3分の1ぐらいは頭に入れとけ』と。100パーセントこの球種やと思っとったのに反対の球種だったとき、『配球違うぞ』とウロがくる（※うろたえる）から。先発ピッチャーも『9割方右やと思うけど、オレが監督なら左を考えるから、それも頭に入れとかないかんぞ』というのは必ず言うね。もちろん、オレ自身も思ってないことが起きることは、必ず3分の1は頭に入れてる」

試合では、打者ごとに自分の攻められ方を確認する。当然のことながら、相手も明徳の研究をしてきているからだ。苦手なコースを攻められたり、前の試合で打った球を投げてこなかったりすれば、しっかり分析されているなと判断する。

「試合前半に選手に『どうや?』と訊いて、『ビデオ見てます』となったら『逆をちょっと頭入れとけ。こうやってみな』と逆に利用することもできる」

それぐらい情報に左右されるのが今の高校野球。そのため、連戦で時間がないときでも必ず映像を見てミーティングをする。

「時間を短縮してやるね。『野手陣はピッチャーの配球だけ見とけ。バッターのクセはバッテリーが見とけ』とかね」

情報を入れたうえで、映像を見てイメージすることが大事。これをやるかやらないかでパフォーマンスが変わる。選手にとって、「知っている」「研究した」と思えることは心のお守りになるのだ。

「あとは試合前に練習とミーティングで指示をもう1回徹底する。『ええか、忘れんなよ』って。ボーっとなってるヤツがおるからね」

どれだけ分析をしても、それだけで勝てるものではない。投手は打者の苦手なコースに投げるコントロールがなければいけないし、打者は狙い通りの球が甘く来たときに一発で仕留められなければいけない。守る野手も強豪校の強い打球を確実に捕球できなければいけない。選手を鍛えておいてこそ、準備が活きる。

「ピッチャーは欠点がわかっても打てんのよ。山岡はわかっとっても2点しか取れんかった。今井もそう。高校レベルでは、わかっとっても球威が上回るんやから。だからドラフト1位なんやから。だから、ああいうチームに勝とうと思えば点をやらんことなんよ」

投手と守備を鍛え、分析通りに動けるようにする。分析が活きるようにする。失点を計算して戦える準備ができているからこそ、明徳義塾は取りこぼさないのだ。

馬淵史郎のセオリー27

好投手対策としてバント練習をする

松坂大輔（現埼玉西武）、吉見一起（元中日）、西村健太朗（元巨人）、東浜巨（現福岡ソフトバンク）、藤浪晋太郎（現阪神）……。プロ入り後にタイトルを獲得する数々の好投手と対戦してきた馬淵監督が、もっとも手ごわかったと評価する投手がいる。

「甲子園でやったピッチャーでナンバーワンを挙げろといわれたら瀬戸内の山岡（泰輔、現オリックス）。高校野球であれは打てんぞ」

最速145キロの速球に加え、縦に大きく落ちるスライダーが武器の山岡は引き分けとなった広島県大会決勝の広島新庄戦で延長15回1安打15奪三振を記録した。

「新庄との2試合のビデオを見て、これは打てんぞと。特にスライダーはわかってても打てん」

難攻不落の山岡をどう攻略するか。馬淵監督が考えた策はこれだった。

「クセが100パーセントわかってた。全部セットでゆっくり入ったらストレート。スッと入ったら変化球。だからスライダーを打たんかった。『見逃せ。打ったって打てんのやから打つな』と」

右打者なら、ホームベースを半分にして、真ん中のラインより外側に来た変化球は打たない。すべて外角のボールゾーンに逃げ、ワンバウンドするぐらい落ちるからだ。狙うのは、抜けて内側に入ってきたスライダー。肩口から入る高めのスライダーは長打が狙える。

捨てる球と狙い球は決まった。だが、馬淵監督は打撃練習をさせなかった。代わりにやったのはバント練習だった。

「広島予選を見たら、バントのときもスライダーを投げてる。広陵、新庄のバッターが全部失敗しとった。わかっとって失敗するんよ。それで、瀬戸内とやると決まってからは、バッティング練習をいっさいせんかった。マシンを全部スライダーにして、毎日バント練習だけやった。だって、あんな球は打つ練習したって打てんのやから。それやったら、他の練習がいい。ピッチングと守備をきちっとやって、1対0か2対1で勝つしかないと思った。選手には『フリーバッティングで打つような球なんか来やせんのやから、バッティング練習はやめとけ。守り勝て』と」

実際、試合では打てなかった。4回まで2安打5三振で無得点。だが、5回裏。山岡に失投が出る。先頭の宋皞均への初球。スライダーが高めに入った。ややアウトコース寄りの球だったが、打席のベース寄りに立っている宋にとっては真ん中。宋はこれを見逃さず思い切って振ると打球はレフトスタンドに飛び込む先制のソロ本塁打になった。

さらに一死後。八番の馬場雄大がショートへの内野安打で出塁すると岩見昂の投手前のバントを山岡が失策。死球で満塁となったあと、二番・畑光がレフトに犠牲フライを打ち上げ、2点目を入れた。エース・岸潤一郎がこの2点を守りきり、2対1で勝利。馬淵監督がイメージした通り、これしかないという勝ち方だった。

「明徳がスライダーをバント成功したら、広島のチームは『やっぱり明徳はバントがちゃんとできる』と言うとった。ウチが相手じゃなかったら、瀬戸内は勝ったと思うよ。だから監督っていうのは、どれだけ難しいことを簡単に言うか。あれもこれもじゃなしに、ポイントをかいつまんで指示を出せるかどうかなんよ」

この試合で明徳は5犠打を記録したが、バントのファウルは1球だけ（スクイズは除く）。バントのうちの1つが山岡の悪送球を誘って決勝点につながった。

打てない球は打たない。無駄な抵抗はせず、バントするだけでOK。それぐらいわりきらなければ、ドラフト上位レベルの好投手は攻略できないのだ。

馬淵史郎のセオリー 28

相手の監督を研究する

対戦相手が決まると、馬淵監督が必ずするのが相手の監督の研究だ。

「性格や野球観を知りたい。出身校は必ず調べるね。高校、大学はどこでやってたか。当時の指導者は誰か。それは如実に表れるからね」

厳しい指導者のもとできっちり野球を教えられた人もいれば、生活指導もしないゆるい指導者のもとでのびのび野球をやってきた人もいる。それがチームカラーに表れるのだ。注意しなければいけないのが、本格的に野球を教わっていないから怖いこともあるということ。これで馬淵監督は手痛い敗戦を食らっている。

96年夏の甲子園2回戦の新野戦。3対3で迎えた9回表の守備だった。無死一塁で打席には六番の見谷健。最終回ということもあり、送りバントが予想される場面だ。ところが、新野・安永潔監督が選択したのはバスターエンドラン。これが見事に成功（ライト前ヒット）して一、三塁になった。次の打者はサードゴロで一死二、三塁。打者は投手の小品貴志で馬淵監督はスクイズを予想したが、またしてもヒッティングでこられ、センターへ決勝の犠牲フライを許した。

「新野みたいなチームはやりにくいんよ。イケイケの選手らがそろって。『あそこで普通バスターするか？』っていうのをやられた。あのときは、クソーッと思うたね」

夏の甲子園初出場だった新野は県立の農業系の学校。安永監督の持論は「楽しみながらやらねば」。だからこそ、セオリーにない作戦を思い切ってできたともいえる。

「それが一番怖いんやって。ホントね、何するかわからんいうのが一番怖いんよ。『ここはこれやろ』って、ある程度読めるときは作戦もできるけど、何するかわからんいうのはちょっとね」

野球を知り尽くしている馬淵監督だからこそ、読みづらいこともある。それも頭に入れて指示をしなければいけないのだ。

相手監督を調べるうえでは、どんな作戦を多用するかも知る必要がある。

「予選からスクイズをどれぐらいしかけたかとか、盗塁をどれだけしたかとか。数字のマジックもあるからね。丹念に調べないといけない。盗塁30個といっても、準決勝、決勝では全然走ってないってこともあるから」

19年夏の甲子園1回戦・藤蔭戦では、相手監督を見ての采配を見せた。藤蔭を率いるのは佐賀学園出身の26歳・竹下大雅監督。馬淵監督には、2月に就任したばかりの若手指揮官がエンドランを多用するという情報が入っていた。

6回表の明徳の攻撃。2対0から2点を追加し、一死一塁の場面だった。八番の1年生・米崎薫暉のカウントが1―0となったところで馬淵監督が動く。一塁走者の今釘勝がスタート。米崎は2球目のストレートを打った。打球はセンター前にライナーで飛ぶヒットとなり、一、三塁。その後、犠牲フライとヒットで2点を追加し、試合を決めた。

「エンドランで勝ち上がってきたっていうから、こっちが逆にかましたれと思った。向こうのピッチャーは、空振りするピッチャーじゃなかったから」

実はこの試合、馬淵監督はこの他にも2度エンドランのサインを出している。3回表二死一塁で2番・正本旭のカウント2―2から、4回表一死一、三塁で七番・今釘のカウント2―1から（一塁走者のみスタート）だ。いずれもファウルだったが、馬淵監督には珍しい采配だ。

「相手が若い監督やからね。若いときはエンドランをかけたがる。オレもそうやった。若い頃は何か（サインを）出さないと気が済まない。エンドランとサードスチールをかけたがるんよ」

相手のお株を奪えば、ダメージを倍増することができる。それを考えての作戦だった。相手を知ることで準備ができる。対処もできる。野球は監督同士の戦いでもあるのだ。

馬淵史郎のセオリー 29

相手の監督を観察する

相手監督を気にするのは、試合前だけではない。馬淵監督は、試合中も時を見て相手ベンチの様子を観察する。

「結構見るね。チェンジになって向こうが守りから攻撃に移るとき、円陣で監督がどんな格好してるかを見たら、どんな指示してるかはだいたいわかる。『右打ちせぇ』とか『カーブ狙え』とかね」

それを踏まえて、相手選手の動きが変わったかどうかを確認する。

「この選手は指示通り動いてるなとか、動いてないなというのは絶対見とかないかんね」

フォア・ザ・チームに徹するチームプレーのできる選手なのか、自分勝手に自分のやりたいことを優先する選手なのか。選手の性格がわかれば、作戦も読みやすくなる。選手へのアドバイスもしやすくなる。

この他にも、相手監督の動きからわかることがある。

「監督を見よったらサインがわかることがある。出し方じゃなくてね。それと心理もわかる。上甲（正典、元済美監督）さんはエンドラン出したら焦ってるとき。やけくそのエンドランが多かったから（笑）。あとは監督がブルペンばっかり見てるときは、『ピッチャーの代えどきだなと思ってるな』とか」

試合中はどうしても投げた、打ったのバッテリー間に目がいきがちだが、それでは情報が限定されてしまう。視野を広く持つことができれば、思わぬ情報を拾うこともできる。目の前ばかり見ていては監督は務まらないのだ。

馬淵史郎のセオリー30

サウナで大会の流れを把握する

「大逆転が多い大会だから、後半にヤマがくるだろう」

14年夏の甲子園1回戦・智弁学園戦。馬淵監督は選手たちにそんな声をかけていた。この大会はそれまでに、優勝候補の広陵が2点リードを9回裏二死から追いつかれて延長11回の末に三重にサヨナラ負け、山形中央が9回に4点取って小松を逆転するなど、土壇場での逆転劇が目立っていた。

馬淵監督の予想通り、智弁学園戦は後半に動いた。6回を終わって4対3と明徳1点リードの接戦だったが、7回裏に明徳が4点を挙げて突き放すと、8回裏にも2点。9回表に1失点したが、10対4で勝利した。

このように、甲子園には大会ごとに流れがある。不思議と同じようなことが起こる。それを見落とさないことが重要だ。

「その大会の流行りじゃないけど、大会ごとにあるやろ。8回に大逆転がある年やとか、サードにイレギュラーバウンドが多い年やとか、あるんよね。あれ、不思議やねぇ。そういう流れ的なものは監督として見とかないかんと思うよ。これぱっかりはね、人の力ではどうにもならんところがあるから」

逆転の多いイニングになると、スタンドがざわざわし始める。魔のポジションに打球が飛ぶと、何かが起こることを期待するような歓声が上がる。「そういう雰囲気になるんよなぁ」。その流れを把握するためには、他のチームの試合を多く観る必要がある。智弁和歌山の髙嶋仁元監督はわざわざ甲子園のスタンドに足を運ぶ（『智弁和歌山・髙嶋仁のセオリー』77参照）が、馬淵監督が観るのは球場ではない。

「サウナでずっと観てる。ほとんど観るね。サウナに入って高校野球を観てるのが一番気楽よ。低温サウナで寝転がってね。あれは一番いいよ。金はかからんし、身体にもいいし、野球も観れるし。球場で観るよりテレビで観る方がいい。ようわかる」

顔はタオルで覆って〝顔バレ〟はしないようにしているのでストレスはない。唯一の不満は、宿舎のある江坂駅周辺にサウナがないこと。

「前は歩いて2、3分のところにあって、練習が終わったらユニフォームのまま着替えを持って入ってたんやけど、つぶれたんよ。今は梅田まで行かないかんのよ。コーチ連中とタクシー乗っていくんやけど、タクシー代の方が高いわ」

リラックスしながら、しっかりと大会の流れやポイントは押さえる。何か起こっても「たまたま。偶然だ」と流さず、「今回の流れ。必然だ」ととらえるかどうかで、準備の仕方も、心の持ちようも変わる。甲子園の怖さを知っている常連監督だからこそ、欠かせないことなのだ。

馬淵史郎のセオリー31

審判のクセを調べる

高校野球は審判に左右されるといっても過言ではない。特に甲子園は試合時間を2時間以内に終わらせることを目標に進めるため、ストライクゾーンが広くなる。基本的にどの審判も外のストライクゾーンは広めだが、それでも個人差があるので注意が必要だ。

「審判は大事やね。勝負を左右する。この主審はどうやというのは、絶対チェック入れとかないかんね。自分とは関係ない試合でもテレビで見とかないかん。その審判が自分とこに当たる可能性があるから。試合よりも審判のクセを見とかないかんね。甲子園はベスト8から急にゾーンが変わったりする。それまではバンバンストライクを取って試合を進めて、いいカードになると、ある程度の（経験のある）審判がつく。優勝候補同士とかは、ちゃんと見ないかんね」

夏は朝日新聞の朝刊に担当審判が掲載される。馬淵監督は、そこで必ず誰が主審かを確認している。

馬淵史郎のセオリー 32

コメントをチェックする

相手のコメントをチェックする。

情報収集において、馬淵監督が重要視しているのがこれだ。「ちょっとした監督の談話でも気にするよ」と言うだけに、自分のチームの選手のコメントにも目を光らせる。

「変化球をよう打たんヤツが、『僕は変化球打てませんから直球だけ狙ってました。ラッキーでした』というコメントをしたらめちゃくちゃ怒るよ。相手はそれ見るから。ひとつ勝つぐらいでええんやったらそう言ったらええけど、続けて勝とうと思ったら、『僕は変化球得意なんで変化球を狙ってたんですけど、ストレートが来て、思わず反応して打ちました』と言うたら、『お前、ええこと言うたな』と言うわけ」

馬淵監督が悪い例で出したコメントを甲子園で言って怒られた選手がいる。現在部長を務める佐藤洋だ。96年のセンバツ2回戦・浜松工戦で2点二塁打を放つ活躍。試合後の取材でそう答え、ミーティングで「バカヤロー。ばれるやないか」とこっぴどく叱られている。

正直なコメントが載ってしまった場合は、試合中に相手の配球を観察する。「変化球が苦手」と言った選手に変化球攻めで、きているかどうか。変化球を多投してきたら「コメントを読んだな」と判断する。

「勝つときはね、いい方にいくわけよ。変化球が弱いと聞いて、変化球を投げたらボール、ボールになって、しょうがなくストレートを投げて打たれたとか。わかってるがゆえに指先に力が入ってボールになるということも、人間がやるスポーツだからあるわけよ。『あいつら談話読んでるから変化球を多めに投げてきた。審判との相性が悪くてボールになってる。今日はウチが勝ちやな』とか、そういう流れが試合中に読めるようになるわけよ。このあたりのことを言いだしたら、ミーティングは何時間でもできる」

コメントひとつで勝敗が変わることもある。それを選手に教えるのだ。影響の大きさがわかっているだけに、選手には発言に注意するよう言っている。

「明日の先発とか、マスコミに絶対ホントのことは言うなと言ってる」

もちろん、自身も気をつけている。甲子園では試合前に一塁側チーム、三塁側チームの順番で取材時間が設けられているが、そこでも先発投手は公表しない。先に取材が終わる一塁側の場合は情報が三塁側チームに漏れる可能性があるからだ。情報を漏らした記者は取材章を取り上げられる罰則があり、基本的には心配しなくてもいいが、それでも言わないようにしている。

「サード側のときでも言わないよ。『向こうのピッチャーは誰って言ってました?』って訊くときはあるけどどね(笑)」

冗談も交えて軽快にしゃべり、マスコミに大人気の馬淵監督だが、本当に大事なことは話さない。マスコミには利用されてはいけない。むしろ、利用するものなのだ。

馬淵史郎のセオリー33

じゃんけんの練習をする

「まずじゃんけんから始まんだよ。先攻、後攻取りから。監督にはプランがあっから」

そう言っていたのは、常総学院の木内幸男元監督(『木内語録 甲子園三度優勝の極意』集英社文庫参照)。高校野球はキャプテンのじゃんけんによって先攻、後攻が決まるからだ。馬淵監督もまったく同じ考え。基本的には、勝ったら後攻を取るのが明徳のパターン。だから、じゃんけんにはこだわる。

「じゃんけんは大事やで。だから、キャプテンには勝てって言うよ。じゃんけんの練習もするよ。よく『迷ったら何出すんや』って訊くんやけど、グーって言うヤツがおるから、『バカか、迷ったらチョキじゃ』って。めざましテレビのめざましじゃんけんってあるやん。あれで練習するよ、オレは(笑)。あれをやると、オレだけチョキ。チョキだと勝率は5割以上や」

現在はじゃんけんをする際の音頭を審判が取るが、かつてはキャプテン同士で「最初はグー、じゃんけんポン」と言っていた。

「そのときは、『じゃんけん、をすごんで言え』って言ってた。そしたら向こうがグーを出してくる。それでこっちはパーを出せって。ホントやから。向こうは緊張するから思わずグーを出してしまうんよ。そこまで考えるんよ、勝とうと思うたら」

じゃんけんを軽視する者はじゃんけんに泣く。すべては準備。じゃんけんを運、不運で終わらせてはいけない。何事にも必勝法はある。それを考えるのが馬淵監督なのだ。

馬淵史郎のセオリー**34**

じゃんけんに勝ったら後攻を選ぶ

勝率・700(21勝9敗)。これが、馬淵監督の夏の甲子園・後攻のときの数字だ。春は11勝8敗で春夏通算では32勝17敗。やや数字は落ちるが、それでも勝率は・653もある。

「基本、野球は後攻有利なんよ。オレはそう思ってる。だって、(プロ野球で)フランチャイズは後攻になるんやから。だからオレはいつも言ってるんよ。『初回さえ0点に抑えたら絶対有利やから』って。後攻になると気分的にいいね」

馬淵監督は甲子園で春夏通算83試合戦っているが、先攻が34試合、後攻が49試合。圧倒的に後攻が多い。

「ウチはじゃんけんに勝ったらキャプテンがだいたい後攻を取るわけよ。ただ、練習試合ではわざと先攻を取って先攻の練習をしとかないかんね」

先攻では春夏通算で19勝17敗（春8勝6敗、夏11勝9敗）の勝率・528。後攻に比べて分が悪いことがわかる。数字から見て完全に後攻型の明徳だが、馬淵監督はときと場合によっては先攻の方がいいと考えている。

「力がある方は後攻の方がいいやろ。ただ、チーム力が落ちるんだったら先攻やろうね。先攻で初回の番狂わせみたいなのを期待してやる方がええかもわからん」

投手にとって鬼門となる立ち上がり。相手が落ち着かない間に先制点を奪って、精神面で優位に立って試合を進める。弱者が勝つにはそれしかない。

16年夏の嘉手納戦は力的には明徳が優位にもかかわらず、相手が後攻を取り〝勝ちにきた〟のにショックを受けていた。試合は3回表に明徳が1点先制すると4回表にも3点を追加。その後も着実に得点を重ね、13対5の圧勝だった。

「高知県でも県立校あたりが、勝って後攻取ることがあるけど、あれはプライドが傷つけられるなぁ（笑）」

これ以外にも馬淵監督が、先攻がいいと考える場合がある。それは、前の試合が延長などで長引いたときだ。

「7回にじゃんけんするから長い試合になるかどうかわからん。偶然だけどね。ただ、延長になったら絶対先攻有利。後攻のピッチャーは（試合の状況を見て）『そろそろ終わるな』と思ったら肩つくるからね。つくったらまた裏に同点になったりして、休んでまたつくってとなったら、身体も気持ちも消耗するから。どんないいピッチャーでも、緊張感を持続するのは難しい。逆に先攻ならピッチャーは軽めにやっといて、試合が終わってからつくっても十分や」

この通りになったのが、98年夏の甲子園準々決勝・関大一戦。前の試合は伝説の横浜対ＰＬ学園。延長17回までもつれた試合だった。11回表に横浜が勝ち越せば、その裏にＰＬが追いつく。16回表に横浜が再び1点勝ち越すと、その裏にＰＬも1点を取り返した。結局、3時間37分もかかる死闘。それを見た馬淵監督は「試合前から選手に『久保（康友、元横浜ＤｅＮＡ）は打てるぞ』と言っていた」。案の定、久保は立ち上がりから調子が上がらない。明徳は松元政樹の3ランなど4安打を集めて4得点。結果的に明徳が13安打で11点を奪う大勝だった。

先攻がいいと考える場合のもうひとつは、センバツの選考にかかわる試合のとき。

「四国大会の決勝だけは絶対先攻取らないかんね。相手の攻撃イニングを1イニングでも少なくしないと。優勝することよりもセンバツに出ることの方が大事なんやから。9回表に向こうに5点取られることだってあるわけ。ウチが負けてたら、向こうの攻撃をなしにして3対5か2対5ぐらいで負けたら出れるんやから。20年も『じゃんけん勝ったら先攻取れよ』って、先攻取ったよ。絶対大事ですよ。そこまで考えるんよ、監督は」

センバツの選考方法が変わり、かつて3校だった四国の枠が、06年からは2校枠になった。3校目は中国の3校目との比較。決勝に進出しても大敗の場合は落とされる可能性がある。負け方も大事なのだ。07年以降、明徳義塾は秋の四国大会決勝に7度進出しているが、そのうち4度が先攻。馬淵監督の言う通り、いつもの明徳より明らかに先攻が多くなっている。

守りのチームらしく基本は後攻。初回を守ってリズムをつくる。ただ、ときと場合によっては先攻を選択する。相手や状況を見て変えるのが馬淵流なのだ。

馬淵史郎のセオリー35

試合前のブルペンで打席に立つ

「明徳の野球は基本的に守りから入る、点をやらない野球。先制されることはないという前提で、ウチの攻撃から野球が始まるという考えやね。だから後攻を取らせるようにしてる。初回さえ0点に抑えたら、絶対後攻が有利」

馬淵監督は常々そう言うが、裏を返すと、初回を0点に抑えることができなければ、後攻を取る意味が半減するといえる。事実、明徳が後攻で初回に失点すると成績はよくない。春夏合計で3勝8敗(春0勝4敗、夏3勝4敗)と大きく負け越している。03年以降に限れば、1勝7敗だ。

いかに初回を0点に抑えるか。そのためには先頭打者を出塁させないことがカギになる。

「まずは先頭をどう抑えるかやね。だから研究もする。先頭がストライクならなんでも打ってくるバッターか、ボールを見てくるバッターか。甲子園に出てくるチームの一番は、だいたいが三番に匹敵するようなバッターやからね。一番を抑えるのに神経使うね」

どんどん振ってくる選手に甘いカウント球は禁物。傾向を見て初球から決め球を使うことも必要だ。

また、どんな投手でも立ち上がりは難しいといわれる。どうやってスムーズに試合に入るのか。コントロールの悪い投手は試合前に多めに投げ込むということもするが、馬淵監督がやるのは試合前のブルペンに足を運ぶことだ。近くで心配そうに見ているだけの監督はよくいるが、馬淵監督が他の監督と違うのは自ら打席に入ること。打者が立った瞬間におかしくなる投手がいるため、少しでも実戦に近い状態にする。

「ブルペンでバッターを立たすのは絶対いい。甲子園でも外野ノック打ちに行って、帰りがけにブルペンに寄って、自分が立つ。（控え部員はできないし、やると注意されるが）監督がやる分には全然構わんもん。ただ、何球もやらん。5球ぐらいやけどね。右打席と左打席に立って投げさす。ボールの回転とかを見て、自分が安心するのもある。まぁ、ルーティンやね」

監督が打席に立つことで緊張感も出る。試合前に1度緊張しておくことも試合に入るときにプラスになる。また、いつもやることでその投手の傾向をつかむこともできる。中には、ブルペンで調子が悪くても試合になるとよくなる投手もいるからだ。

後攻を取るのなら、初回を0点に抑えるための準備を怠っては意味がない。どうすればうまく立ち上がれるのか。できることはやって臨まなければいけない。

第5章

勝つ確率が上がる戦法

馬淵史郎のセオリー36

相手をあざむく

「えっ、これ間違ってますよ」

オーダー用紙を見た対戦相手の高知・島田達二部長が思わず声を出した。ところが、明徳義塾・宮岡清治部長は「いいえ、間違ってません」と言う。四番・投手の欄には、投げられないはずのエース・寺本四郎の名前が書かれていた。

97年秋の高知県大会準決勝のこと。四国大会出場をかけた試合で明徳義塾対高知の試合が組まれていた。高知のエースは法大を経て横浜に自由獲得枠で入団する土居龍太郎。明徳のエースは翌秋のドラフトで千葉ロッテに4位指名される寺本。だが、寺本は大会前に左足の側副じん帯を損傷。準々決勝までは出場していなかった。

メンバー交換から少し前のこと。高知と明徳義塾はアップ会場で顔を合わせた。左足にギプスをつけた寺本を見て島田部長はこう声をかけた。

「お前は将来もある男やからな。ゆっくり治せ。頑張れよ」

当時の四国大会切符は2枚だけ。甲子園のかかった大会で投げられない寺本を見て、同情さえしていた。

ところが――。

明徳義塾のマウンドには寺本がいた。目を疑わずにはいられない。数十分前には、そのギプス姿を見ているのだ。キャプテンにもかかわらず、メンバー交換には来ていなかった。試合前ノックでも姿を見なかった。

「投げられるはずがない。投げても、守れるはずがない」

高知は二番打者にセーフティーバントを指示した。投手前にうまく転がったが、寺本は何気ない顔できれいなフィールディングでアウトにした。

「やられた。だまされた」

島田部長がそう思ったときには、もう遅かった。寺本は故障を感じさせず、びゅんびゅんと速球を投げ込んでくる。右のサイドスローの高橋一正の先発を想定していたこともあり、左腕からの球威ある球に手も足も出なかった。結果は、4安打8三振で0対1の完封負け。寺本の演技にしてやられての敗戦だった。島田部長は言う。

「勝つためには、ここまでやるんだと思いましたね」

このときのことを馬淵監督はふりかえる。

「大会2週間前に徳島商に遠征に行ったとき、ツーベースを打ってセカンドにスライディングをしたら、ショートが乗っかった感じになった。全然、立てない。あいつは徳島出身。見に来てた親がすぐに徳大病院に連れて行ったけど、ギプスと松葉杖で帰ってきた。徳大の先生も『全治2～3か月ぐらい。無理や』と。これで終わったなと思ったね」

大会が始まっても連日、高知市内にハリ治療、松山まで炭火治療に連れて行った。最初はキャッチボールもできなかったが、1週間たち、2週間たつと徐々に投球ができるようになってきた。寺本の驚異の回復ぶりを見て、馬淵監督は決断する。「高知戦に投げさそう」と。

「左足だったからよかったんよ。軸足は立つだけやから。（投球時に）つく足だとダメ。前足をやったら野球選手は無理よ。医学的には無理やけど、あいつは筋力がすごかった。片足で投げよったよ」

だが、高知戦を前にヤマ場が訪れた。準々決勝の岡豊戦。接戦になった終盤、「ここで1本打たれたら負ける」というピンチになった。

「そのとき寺本がブルペンに行こうとしたわけよ。そこで、『行くな』と。こんな大ピンチになっても代えんことで、高知に『もう寺本はない。高橋しかおらん』と思わせることができる。賭けだったけど、これで負けたらしょうがないわと思って続投させた」

その試合をなんとか6対2で切り抜け、満を持して寺本を登板させたのだ。

「アップ会場でギプス姿？　そんなこと、やれってオレは言ってない（笑）。まぁ、そのへんはあいつも役者やったからね。先発・寺本言うたら、高知はもうびっくりしとった（笑）」

これで四国大会に進出した明徳は四国大会で優勝。センバツ切符を勝ち取り、甲子園でもベスト8まで勝ち進んだ。

〝役者・寺本〟はこれだけでは終わらない。さらに、その夏。甲子園でも演じる機会があった。2回戦の金足農戦。ファーストゴロを打って一塁ベースに駆け込んだ際に右足首をねんざしたのだ。試合後、病院に行くとまたギプス。全治3週間の診断で4日後の3回戦・日南学園戦は登板も危ぶまれた。だが、ピンチをチャンスにするのが馬淵流。この状況を逆に利用しようと考えた。

試合間の3日間は、割り当て練習の会場が舞洲球場だった。舞洲球場はブルペンが屋内にある。そこで、寺本にこう指示した。

「お前だけ裏で投げとけ。グラウンドではギプスつけとけよ」

人の目に触れる場所ではギプスで痛々しくふるまい、見えない場所ではピッチングをする。寺本の状態を確認し、投げられることがわかったうえでの策だった。

「日南学園は偵察に来るやろうから、いっさい投げるな。投げられんように見せとけって。グラウンドではギプスやっとって、途中でギプスをパカッとあけてな。やったよ、そんなこと（笑）。だますつもりじゃないんやけど、投げられんように見せとけば、相手は先発がどっちやろうと迷うからね」

明徳は優勝候補の一角。練習会場には取材陣も来る。情報が漏れることが懸念されるが、そこは馬淵監督。マスコミ対策もばっちりだった。

「寺本にも『お前、オレのおらんところでマスコミとかファンとかに訊かれるから、投げれませんって言うとかんかい』って。まぁ、そのぐらいのことは言うわね（笑）」

またも策はハマった。先発した寺本は6回二死で降板するまで1失点と好投。4回までパーフェクトで、四死球は制球難の寺本には珍しく0だった。さらに、第1打席ではホームランまで放っている。試合も5対2の快勝だった。

「小川（茂仁監督）さんが『やられたよ』って言ってな（笑）。あのとき思ったよ。ピッチャーが2人おるんやったら左と右のアンダーが一番いい。高橋がくると思ったら左並べるし、寺本がくると思ったら右を並べるやろ。日南は高橋しかないと思ってアンダースローの対策してきたんよ（笑）」

ここまでやるのが馬淵監督。だが、これだけで驚くのはまだ早い。他にもまだある。

古くは、阿部企業で監督を務めていたときのこと。就任4年目に初めて都市対抗出場を果たした。初戦の相手は優勝候補の三菱自動車川崎。前年まで兵庫県予選で1勝しただけの弱者には勝ち目がないと思われたが、簡単にあきらめないのが馬淵監督。策をくり出した。

都市対抗には同地区の他社から選手を借りられる補強選手制度がある。阿部企業は三菱グループの選手を補強していた。大会前になれば三菱グループによる激励会がある。情報を探りたい川崎の関係者がその選手に質問してくることを予測して、こう指示した。

「先発ピッチャーを訊かれるから、陽と言っておけ」

陽とは阿部企業が台湾から連れてきた右下手投げの陽介仁。絶対的エースのため、この言葉を信じない人はいなかった。ところが、ふたを開けてみると先発は補強選手の左腕。左腕は下手投げ対策で左打者を並べてきた相手を手玉に取り、7回一死まで無失点の好投。3対2で大金星を挙げた。

近年では20年秋の高知県大会決勝・高知戦。2日前に行われた試合が延長12回日没コールドとなり、引き分け再試合となっていた。再試合前のウォーミングアップで遠投していたのは二番手の畑中仁太。エースの代木大和は2日前に193球を投げて12回を完投しており、準備らしい準備をしていない。周囲も当然、畑中が先発だと思っていた。遠投している畑中に高知の選手が近寄ってくる。畑中は明徳義塾中出身で高知中出身の選手たちと顔見知りだった。

「今日、お前先発?」

「そうだよ」

だが、メンバー交換すると先発は代木。代木は疲れも見せず、高知打線を106球で5安打完封。10三振を奪った。

「畑中は『お前、うそ言うたんか』って言われたらしいけど、当然ですよ。正直に言うバカがおるかって。そんなもん当たり前ですよ。ウチは親にも言うなって言ってるのに」

プレイボールがかかってからが試合ではない。情報は命。かけひきをするのが馬淵流。まず、敵をあざむくことから試合は始まるのだ。

馬淵史郎のセオリー **37**

二遊間は〝自衛隊〟でOK

どれだけ打てなくても外さない。

こう聞けば、多くの人が主力打者の話だと思うだろう。だが、馬淵監督は違う。下位打線で打てなくても使い続けるのだ。ただ、その選手たちのポジションには共通点がある。セカンド、ショートを守る選手だということだ。馬淵監督は常々こう言う。

「セカンドとショートの守備が悪かったら、明徳じゃない」

夏の甲子園に出場した年の高知大会の成績を見ると、138ページ表2の通り、13年の岩見昂（14打数0安打）、16年の今井涼介（11打数0安打）と打率・000の選手が2人もいる。10年は二遊間の2人が打率1割未満。16年は今井と二遊間を組んだ高村和志も打率・154だった。とにかく守り重視。特にセンターラインは重要と考えるのが馬淵野球のスタイルだ。

表2　予選2割以下の打者（10打数以上）

		ポジション	打数	安打	打率	打順
1996	吉川 昌	投手	16	3	.188	九番
	松岡	右翼	17	3	.176	四番
2000	内村	右翼	17	3	.176	七番
2001	北西	左翼	11	2	.182	六番・主将
2002	山田	右翼	17	3	.176	一番
2004	森岡	中堅	18	3	.167	一番
2005	山重	右翼	15	2	.133	八番
2010	梅田	二塁	11	1	.091	二番
	前田	遊撃	11	1	.091	七番・投手兼任
	シング	右翼	17	3	.176	三番
2012	杉原	捕手	16	3	.188	七番
	今里	遊撃	18	3	.167	二番
	岸	右翼	10	1	.100	五番
	高橋		10	1	.100	
2013	岩見	遊撃	14	0	.000	九番
2015	神藤	三塁	14	2	.143	三番
2016	今井②	二塁	11	0	.000	八番
	高村	遊撃	13	2	.154	七番
2017	今井	遊撃	12	2	.167	五番
	西浦	右翼	17	3	.176	三番

「キャッチャーと二遊間は、自衛隊でいいと思ってる。守りの方が大事。だって、ええピッチャーになったら、なんぼバッティング練習しても4タコ食らうってあるからな。（自衛隊の選手が）打てたら万々歳よ。もちろん、打てるように指導はするよ。でも、まずボールを放らせる。アウトになってもええから1球でも多く。『5球放らしたら、お前はヒット打ったのと同じや』と言ってる。それと、『バントのケースがあったら必ず決めてくれ』と」

打つことは期待していない。求めるのは球数を稼ぐことと送りバントを決めること。できないことは求めない。

「打率ゼロっていうけど、それは数字のマジックで、八番なんかはフォアボールひとつ取って、バント2つ決めてくれたら上等よ。3割ってどうやって打つの？　10打席で3本打とうとするからいかんのよ。7打席で2本打っときゃあ、3割と変わらへんやないか（打率・286）。あとはバントとフォアボール選ぶのができるか。それで打線はつながってくるからね。勝てるチームのときは、下位が出て上位につながるよね」

10打数3安打よりも、7打数2安打、1四球の方が出塁率は高い。そこに送りバントがあれば無駄なアウトが減る。数字の見方を変え、考え方を変えれば、打率には表れない貢献の仕方ができる。それを徹底させることで、打率が低くてもつなぎ役を務めることはできるのだ。

ちなみに、13年夏の甲子園で大阪桐蔭を破った試合では、2回裏二死一、三塁で岩見がライトオーバーのタイムリー三塁打。163センチ、65キロの身体、高知大会の打率・000を見て、大阪桐蔭の外野は定位置よりもかなり前。明らかに油断していた。〝自衛隊〟の選手は、べからず集02（209ページ）にあるように、確実にアウトを取らなければ勝てない典型的な例だ。

〝自衛隊〟をどう抑え、どう攻撃に参加させるか。ここに馬淵野球の神髄がある。

馬淵史郎のセオリー38

六番にいい打者を置く

表3からわかるように、三番まではある程度、足のある選手を並べ、三、四番には一発のある選手を置くのが馬淵監督のスタイル。一番から九番までどの打順でもフォアボールを選べて、どの打順でも極端に三振が多くなることはない。さらに、クリーンアップでも送りバントができる。それが明徳義塾の打線だ。

その中で馬淵監督がこだわっている打順がある。それは、六番だ。

「一番から五番までは、そこそこ打率がいいのを並べる。六番のときにランナーが出てることが、一番多い。だから、六番が一番大事やって言うんよ。五番までに点取って、2アウト二、三塁で六番が凡退して残塁2とか、2アウト満塁で凡退して残塁3とか、そういうケースがものすごく多い。そこで六番が打ったらビッグイニングになる。六番が打って、七番が打ったら絶対勝ちよ。ビッグイニン

表3 明徳義塾 春と夏の甲子園 打順別・ポジション別成績

春

打順	打数	安打	打点	本塁打	三振	四死球	犠打	犠飛	盗塁	塁打数	出塁数	打率	出塁率	長打率	OPS
1	135	31	13	1	21	18	10	1	3	44	49	.230	.318	.326	.644
2	122	42	7	0	15	18	14	0	3	57	60	.344	.429	.467	.896
3	126	48	23	4	13	18	7	1	3	77	66	.381	.455	.611	1.066
4	126	40	28	5	17	21	4	1	2	65	58	.317	.412	.516	.928
5	119	29	21	0	15	17	6	1	1	40	46	.244	.336	.336	.672
6	116	37	18	0	15	13	10	1	3	44	50	.319	.385	.379	.764
7	104	24	13	1	13	18	10	0	1	38	42	.231	.344	.365	.710
8	106	17	7	0	12	12	14	0	0	21	29	.160	.246	.198	.444
9	97	26	12	0	21	13	7	0	3	32	39	.268	.355	.330	.684
	1051	294	142	11	142	148	82	5	19	418	439	.280	.367	.398	.765

春

ポジション	打数	安打	打点	本塁打	三振	四死球	犠打	犠飛	盗塁	塁打数	出塁数	打率	出塁率	長打率	OPS
投	106	25	8	1	16	15	8	0	0	34	40	.236	.331	.321	.651
捕	123	41	31	2	9	15	10	1	4	57	56	.333	.403	.463	.866
一	118	40	25	1	18	16	10	1	1	54	56	.339	.415	.458	.872
二	119	38	14	0	15	19	9	1	3	48	57	.319	.410	.403	.813
三	117	33	9	1	9	16	12	0	0	47	49	.282	.368	.402	.770
遊	126	38	18	1	14	19	5	0	2	59	57	.302	.393	.468	.861
左	107	28	14	2	17	17	9	1	4	43	42	.262	.360	.402	.762
中	115	28	13	3	20	19	9	1	1	49	47	.243	.348	.426	.774
右	120	23	10	0	24	12	10	0	4	27	35	.192	.265	.225	.490
	1051	294	142	11	142	148	82	5	19	418	439	.280	.367	.398	.765

夏

打順	打数	安打	打点	本塁打	三振	四死球	犠打	犠飛	盗塁	塁打数	出塁数	打率	出塁率	長打率	OPS
1	191	53	21	2	28	28	10	4	3	70	81	.277	.363	.366	.730
2	172	44	22	2	27	27	26	2	8	63	71	.256	.353	.366	.720
3	193	65	39	4	27	18	10	2	8	102	83	.337	.390	.528	.918
4	178	63	37	7	28	35	2	3	4	106	98	.354	.454	.596	1.049
5	170	59	29	3	28	21	20	0	3	87	80	.347	.419	.512	.931
6	166	56	26	4	38	25	12	1	5	81	81	.337	.422	.488	.910
7	164	51	22	4	20	19	13	0	1	73	70	.311	.383	.445	.828
8	140	40	17	0	29	7	13	1	1	43	47	.286	.318	.307	.625
9	141	33	13	0	22	13	16	0	4	45	46	.234	.299	.319	.618
	1515	464	226	26	247	193	122	13	37	670	657	.306	.382	.442	.824

夏

ポジション	打数	安打	打点	本塁打	三振	四死球	犠打	犠飛	盗塁	塁打数	出塁数	打率	出塁率	長打率	OPS
投	138	35	20	3	26	16	15	1	1	55	51	.254	.329	.399	.728
捕	180	64	28	1	26	23	8	3	3	89	87	.356	.422	.494	.917
一	162	59	28	3	29	26	14	1	5	88	85	.364	.450	.543	.993
二	161	46	20	1	29	24	18	2	5	56	70	.286	.374	.348	.722
三	177	55	27	2	22	19	15	1	5	75	74	.311	.376	.424	.799
遊	173	49	39	6	25	16	15	2	7	81	65	.283	.340	.468	.809
左	180	62	31	6	24	23	9	0	2	96	85	.344	.419	.533	.952
中	176	47	16	2	33	28	15	3	3	62	75	.267	.362	.352	.715
右	168	47	17	2	33	18	13	0	6	68	65	.280	.349	.405	.754
	1515	464	226	26	247	193	122	13	37	670	657	.306	.382	.442	.824

グにならんときは必ず六番で切れる。不思議ですよ。だから、六番の打順を決めるのにものすごく悩む。六番は大事ですよ。六番は、調子がよかったら四番を打てるバッターを置くべき。どこのチームも、強いとこは六番にええのを置いてるよ」

六番打者を重視するのは智弁和歌山・髙嶋仁元監督（『智弁和歌山・髙嶋仁のセオリー』65参照）と共通する考え方だ。

「プロでも六番はホント考えるらしい。特に仰木（彬、元オリックス監督）さんなんかいつも考えとったらしいよ。オレも六番だけはめちゃくちゃ考える。日替わりで六番と七番を入れ替えてみたり、前の日に八番打ちよったけど、相性がいいから六番にもってきたりね。それがハマるときは勝ちよ。三番、四番、五番の誰か1人はランナーに出ることが多いんだから、六番にはチャンスが常に来る。そこで六番がガーンと打ってくれたら点が入る。六番が打つと残塁は極端に少なくなる。六番が当たってないときは痛い」

馬淵監督の言葉通り、明徳義塾の六番打者は春夏ともに打率3割をマークしている。02年夏に優勝したときは1年生の梅田大喜を六番に起用。梅田は全試合安打を放ち、19打数8安打の打率・421をマーク（1本塁打4打点）して期待に応えた。4強入りした98年夏はセンバツでは一番を打った松元政樹が六番に入り、こちらも全試合安打の16打数7安打で打率・438を記録している（1本塁打5打点）。六番が打つときの明徳は強い。

この他、馬淵監督が頭を使うのが投手の打順。プロで野手になった寺本四郎（元千葉ロッテ）、岸潤一郎（現埼玉西武）は四番に座ったが、その他は優勝投手の田辺佑介が五番を打った程度。ほとんどが下位を打っているが、年によって八番に置くときと九番に置くときがある。

「打者専門にしたらそこそこ打てるヤツもおるよ。能力的にエースになれるヤツは五番、六番は打てる。打順を上げてもええと思うけど、勝ち抜いていくことを考えて、クリーンアップを打たさんのやったら下位がいいよね。八番がいいよね。九番はやっぱり一番につなげるバッターで、調子がよければ一番と九番を入れ替えてもいいぐらいのヤツを置きたいから。まぁ、ピッチャーが六番、七番までにおるときは、明徳は強いよ」

五番・田辺のときは優勝。四番・寺本、岸（2年生）のときはベスト4。投球に専念することなく打者としても打てるのは能力が高い証拠。そこまで任せられる投手がいるときは、馬淵監督がチームに自信を持っている証拠でもあるのだ。

馬淵史郎のセオリー39

初戦は大勝でも完投させる

いいかたちで試合を終わる。特に初戦の終わり方にこだわるのが馬淵監督だ。たとえ勝っても、9回に失点して後味が悪くなるのを好まない。それが出ているのが、夏の甲子園の初戦で大勝したときだ。12対0で常葉菊川を破った96年は吉川昌宏が完封、9対1で栃木南を破った99年は浅川大輔が完投、10対0で十日町を破った01年は田辺佑介が完封、15対2で盛岡大付を破った04年は鶴川将吾が完投、10対4で智弁学園を破った14年は岸潤一郎が完投。いずれも8回終了時点で地方大会ならコールドになる点差だったが、先発が最後まで投げ切っている。

「そりゃあね、9回まで勝っとって得点差があって、次のピッチャーを投げさすいうのはひとつの手でしょうけど、オレはあと1イニング投げて、どれだけ疲労が溜まるんやと思ってるわけ。そのままいった方がピッチャーは絶対楽やから。それと万が一のこともあるしね。甲子園は大観衆でやるでしよ。勢いがつくとわからなくなる。カーンといったら、何万人がワーッとなるから難しいよ」

次戦以降のことを考えて二番手以降の投手にマウンドを経験させるという考えもある。だが、それよりも馬淵監督は投手を代えることでリズムが変わることが嫌なのだ。大勝ムードなら、気分よく終わって次につなげた方がいい。先に挙げた5試合は、14年以外、馬淵監督の思惑通り9回を無失点で終えている。唯一失点した14年の試合後もこんなことを言っていた。

「初戦を勝つときはしっかり勝った方がいい。今後を考えると（控え投手を）1イニングでも投げさせたかったけど、やめました。長い試合になると勝った気もせんから」

勝つには勝っても、長引くのが嫌なのだ。

「オレは長い試合が嫌いでね。ピッチャーを代えて、代えて長くなるのが大っ嫌いなんや。練習試合でも長い試合は嫌い。だから、ウチのピッチャーはけん制も少ないはず。いらんけん制は投げるなと言ってる。ある学校なんか2アウト三塁で2球続けてけん制しよったからね。これは遅延行為。野球じゃないよ。そんな野球やってたら野球がおかしくなる」

明徳義塾の夏の甲子園の試合時間別の勝敗を見てみると、2時間未満の試合は15勝3敗（勝率・833）、2時間以上の試合は17勝15敗（勝率・531）と2時間未満の試合では横綱級の強さを誇っている。夏は暑く疲労が溜まるため、余計な体力を使わないためにも早く終わった方がいい。短時間できれいに終わる。これが初戦の理想なのだ。

馬淵史郎のセオリー40

完投能力のある投手を継投する

「最初から継投を考えとかんといかんようでは甲子園では勝てん。『継投もできるけどエースがおる』じゃないと」

馬淵監督がそう言って嘆いていたのは15年夏の1回戦。敦賀気比に延長10回でサヨナラ負けした試合後のことだ。この年はエース不在。高知県大会から全試合継投で勝ち上がったチームだった。

「横浜の渡辺（元智、元監督）さんに『高校野球の継投は難しい。継投するんだったら、完投能力のあるピッチャー同士ならあり』と言われたけど、その通り。試合では3回までしか投げんからって練習のときから70球までにしとけと言ったら絶対にピッチャーは育たない。だからウチは投げ込みをさせるし（セオリー18、73ページ）、大会前の調整期間以外、土日は『1試合完投せえ』って完投の練習をするね」

まずは1試合投げ切れる体力をつくることが一番だが、無理にでも完投させる理由は他にもある。「1試合を通じて、『こういう流れになったときに、ピッチャーはこういうことに気をつけなきゃいかん』とか、そういうのを読むためやね。長いイニングを投げて、ピンチだ、チャンスだという経験をさせとかないと覚えない」

試合は生き物だ。場面や状況によって力の入れどころを変えなければいけない。「ここは絶対に失点してはいけない」、「ここを抑えればこちらに流れが来る」といった流れを読む力は、1試合を通じて投げるからこそわかるようになる。ここまでが、選手の準備だ。

一方、監督が準備をしなければいけないことがある。特に大事なのは、選手の心理状態を考えてあげること。馬淵監督はこれで痛い思いをしている。

98年夏の甲子園準決勝の横浜戦。8回表まで6対0とリードしていたのを逆転された試合だ。2点を返された8回裏、なおも無死一、二塁のピンチで先発の寺本四郎に代えて高橋一正をリリーフに送ったが、これが裏目。高橋は打者10人に4安打、1四球（敬遠）、1暴投と大乱調で再び寺本にマウンドを譲った。

「残り2イニングで4点あるから高橋でOKやと思った。高橋だってドラフトされたピッチャーや。いつもその継投で勝ってたんやから。ところが、『いけ』言うたらメロメロよ。代わって練習の7球がストライク入らないんやから。『これはちょっとおかしい。しまった』と。時間が戻ってほしいと思ったね。もう平常心じゃない。高橋がバッターに投げる前に、流れを横浜にやってしまった気がした。今やったら、あんな継投はしないね。横浜は（寺本に）合ってなかったから。試合が終わって訊いたら、高橋は『今日はオレの出番はない』と思ってたらしい。7回まで寺本が0に抑えてるんやからと」

万が一に備え、馬淵監督はブルペンに行けと指示した。だが、本人の気持ちが入っていなかった。

「オレの大失敗や。あれで心の準備が大事やとわかった。優勝1回損したわ」

身体だけでなく、気持ちも準備ができていなければ本来のパフォーマンスは発揮できない。

「プロ野球みたいに『ランナー出たから行け』いうのは、高校生は難しいね。同じ精神状態じゃないから。例えば予選ではできても甲子園でそれができるか。将棋の駒みたいに金が金の動きをしなくなる。そこは絶対考えたらないかんね」

心の準備の練習のため、練習試合で継投することもある。その場合には、投げる投手に予定イニングと投げる順番を伝えている。

「例えば3人で3回ずつ投げるという場合でも、試合の展開によって、相手がまったく合ってなければ先発を5回、6回に延ばす可能性もある。その場合は2番目はなしで、3番目の抑えがいく。反対に先発が早めに崩れたら3回より前でも2番目の中継ぎがいく。練習試合でそういうシミュレーションをやっとったら公式戦のときに困らない」

投げる順番がわからなければ準備はできないが、投げる順番さえわかっていれば、試合状況を見て肩をつくることができる。予定通りいかなくても対応する練習をする。この練習をさせたうえで、ピンチに強い、弱いなど見ておくのが監督の準備だ。

これに加え、判断基準を明確にすること。投手ごとに〝代えどき〟のポイントを持っておくことが必要だ。

「ひとつは、ボールが高くなったとき。スピードどうこうじゃなくてね。ポテンヒットはいかんのよ。低めの球は絶対ポテンヒットにはならんから。ポテンヒットが出るいうことは、ボールが高いということ。代えどきのバロメーターになるね。あとは、マウンドでのしぐさ。こいつが悪くなったらこのしぐさをするっていうのがあるんよ」

ここまで準備をして、最後は試合での決断。思い切りが大事だ。

「打たれて代えるのは誰でもできる。勝ってるときの継投が難しい。向こうが合ってないのにあえて代えるっていうのは、ホントに勇気がいるね。プロみたいに100何十試合やるんだったら、勝っても負けても今シーズンはこの方針でいくぞというのが、率がええんかもわからんけど、トーナメントは難しいよ。勝ってて、あとからいくピッチャーのプレッシャーは半端じゃないからね。だからこそ、迷ったらダメよ。迷ったら結果はほとんど悪い」

完投能力のある投手を育てること。あとは準備と思い切り。代えないで後悔するなら、思い切って代えた方がいい。それが、馬淵流の継投策なのだ。

馬淵史郎のセオリー41

伝令は間を取るだけに使う

いつ、伝令を出すのか。

かけひきを重視する馬淵監督だけに、タイミングには気を使っている。

「監督が伝令出すタイミングはものすごく大きい。バレーなんかでもそうや。いつタイムかけるかなんていうのは監督の手腕やからね。早めにかける人とぎりぎりまで待つ人がいる。自分でも『まだここは勝負所じゃない。もっと待て』ということがあるから」

後攻を取って先行逃げ切りが明徳野球のスタイルだけに、序盤の守りには気を使う。

「前半にタイムかけることが多いね。やっぱり主導権を握らすよりはいいから。初回に勢いづかしたら、そのあとにどのピッチャーをつぎ込んでもいっしょだと思ったら、あえて初回に2回行かしたりもするね」

一方で、有利な展開のときは、伝令は使わない。

「勝ってるときは、ほとんど出さないね。ピンチになったら伝令役のヤツがオレの顔を見るけど、『行かんでええ。勝ちじゃ』って。7、8、9回にタイムが3回残ってる展開やったら、だいたい勝ち。反対に2回、3回行かすときは負けや」

4強入りした16年夏の甲子園がまさにこの言葉通りだった。勝った3試合で使ったのは境戦の7回と嘉手納戦の8回の2回のみ。敗れた作新学院戦では3回までに2回使った。ちなみに、大逆転負けを喫した98年夏の甲子園準決勝・横浜戦では6対0から4点を返された8回裏に「ここがポイントやと思った」と1イニングに2度伝令を送っている。その試合は3回にも1度使っており、土壇場の9回裏に伝令を残しておくことができなかった。前半に相手のペースになるのを食い止め、後半に数多く残す。これが理想だ。

伝令を出す際に、伝えることはシンプル。そもそも伝令はピンチのときに行くもの。せっぱ詰まった状況で冷静にいられる高校生は多くはない。

「間を取りたいときだけ。ちょっと緊張してるな、あたふたしてるなというときに時間稼ぎに行くぐらいやね。行っても『あわてたらいかん。監督が行ってこい言うから来ただけや』と言うぐらい。技術的なこと言ったって、わかるわけない。せいぜい『低め投げぇ』とか、配球をちょっとこうしろとか簡単に言うぐらいなもんよ」

16年秋の明治神宮大会・作新学院戦では1回表二死満塁になったところで伝令を送った。「ストレートを狙ってくると思ったから、『全部変化球投げろ』と言った」

アドバイス通り、六番の左打者に対し、左腕・北本佑斗は4球続けて変化球を投げ、セカンドフライに打ち取った。試合後、馬淵監督は「この秋は伝令のあと、全部0に抑えてるんよ」と得意満面だったが、基本的にこのような例は多くはない。

明徳の伝令役の決まりはただひとつ。「監督が言った通り伝えること」。

「たまにアレンジして言うヤツがおるわけ。これはいかんのよ。アレンジして言うと変になってくる。それとね、忘れるヤツがおる（笑）。ファウルラインをまたいでピッチャーのところ言ったら、『オレ、何言われたっけ?』って、そんなんあるんやから。何万人の大観衆の前だとね。『お前、あれ言うたんか』『言うてません。頑張れ言うて来ました』『バカヤロー』っていうのがあるわけ。だからあんまり作戦的なことは言わない。信用してない」

守備位置などは大声を張り上げ、口頭で伝えることが多いという。そんな馬淵監督が、唯一、戦略的に伝令を使うのが無死や一死で走者が三塁にいるとき。相手にスクイズの気配があるときだ（セオリー42、153ページ）。

細かいことは伝わらない。かえって選手の混乱を招くだけ。言葉はシンプルに。間を取ることを目的とする。内容より、タイミング重視。それが馬淵流の伝令術なのだ。

馬淵史郎のセオリー 42

スクイズをさせない策を複数持つ

優勝をグッと引き寄せるプレーだった。

02年夏の甲子園決勝・智弁和歌山戦。1対0と明徳義塾リードで迎えた4回表、一死二、三塁のピンチで打席には五番の西村裕治を迎えた。明徳のエース・田辺佑介は簡単に2球で追い込みカウントは1―2。ここで智弁和歌山の髙嶋仁監督が勝負に出る。クリーンアップの西村にスリーバントスクイズを命じたのだ。馬淵監督も「まったく頭になかった」という作戦。だが、明徳バッテリーは冷静だった。

三塁走者の動きを見て田辺は外角のボールゾーンへ大きく外す球を投げる。それに捕手の筧裕次郎も反応した。西村は懸命にバットに当てようとするが空振り。飛び出した三塁走者も刺して、三振併殺を完成させた。ウエストのサインではない。相手を見て、とっさの判断で外したファインプレーだった。

「ベンチのサインじゃない。普段から『バッテリーの呼吸で外せ』と言って練習はいつもやってたけど、よう思い切って外したね。あれは大きかった。ピッチャーはサードランナーに目をつけといて、スタートが早かったら自分の意思で外す。キャッチャーはいつ外されてもいいように、心の準備はしとけと。これは練習すればできるようになる。ステップする足が着地する前やったら、ピッチャーはいくらでも外せる。足がついた瞬間にスタートを切られたら、もう外せないけどね」

これで流れをつかんだ明徳はその裏に田辺、山口秀人の本塁打が出て突き放し、髙嶋監督に「ここでほぼ勝負は決まった」と言わせた。

実は、これと同じことを高知県大会でも成功させている。準々決勝の岡豊戦。4対4で迎えた8回裏だった。一死三塁の場面で相手がスクイズ。スタートを切った三塁走者を見て、田辺はスライダーの握りのまま外側に外した。捕手の筧はとっさに腰を浮かせて反応。空振りさせた。

「カーブならワンバウンド、スライダーなら横に外してバットに当てさせない。練習試合で何度も試しましたし、きのうの夜も2人で話し合いました」(田辺)

くり返し練習しないとできない洗練されたプレー。守りの明徳の真骨頂ともいえるプレーだった。明徳の強みは、これが伝統になっていること。17年秋の高知県大会準決勝・高知商戦では、10回表に1点を勝ち越され、なおも一死三塁の場面で市川悠太が右打者の外に大きく外し、スクイズを空振りさせた。捕手の安田陸は「練習していたので心の準備ができていた」。追加点を与えず相手の勢いを止め、その裏の逆転サヨナラ勝ちにつなげた。

明徳の〝スクイズ外し〟はこれだけではない。走者が三塁に進み、スクイズが予想される場面ではこんなこともする。

「極端な前進守備をとらすことがあるね。向こうが打ちたくなるから。『スクイズは相当警戒されてるぞ』と思わすことが目的。打ってくれた方が打ち取れるバッターはいるからね」

打順が下位で明らかに打力のない小柄な打者の場合などに有効だ。打つよりもバントされた方が失点の可能性が高いと判断したときに実行する。他には、こんな手もある。

「スクイズが嫌なときに伝令を出す。向こうに『スクイズを外せ』という確認のために行ったと思わせるわけ。だから、伝令にわざと唇でわかるように『スクイズ』って言わす。そしたら、サイン出せないわけ。そういうことは大事やね。そのへんはテクニックよ」

あえて考える間を与えることで、相手の心理を揺さぶるかけひきをしかけるのだ。これを見て相手がヒッティングに変えてくれれば「してやったり」ということになる。

スクイズを防ぐには、高等技術もあれば、心理作戦でバント自体をやらせない方法もある。いくつもの引き出しを持っているのが明徳の強さなのだ。

馬淵史郎のセオリー43

バントシフトはしない

　バントシフトはしない。意外にも簡単に送りバントをさせてくれる。同じ守りのチームでも、内野手全員がプレッシャーをかける龍谷大平安（『龍谷大平安・原田英彦のセオリー』54参照）とは対照的だ。

「なんぼシフトかけたって、うまいヤツがバントしたら成功する。いいバントで（打球を）殺されたら決まるんやから。万が一、打たれたときのリスクを考えたら、リスクを負うようなことはするなと。オレはむしろ、『バントやるならやらせぇ』って言ってる。バントの構えをされてストライクが入らないでノーアウト一、二塁になるのが一番悪い。向こうがバント失敗する可能性だってあるしね。極端なリスクを負うより、アウトひとつもらおうということ」

　とはいえ、みすみすやらせるわけではない。ピッチャーにはバントしにくい球を投げさせる。

「バントを失敗するのは恐怖心があるヤツ。だからバントやられたら困るときに変化球投げるピッチャーは怒る。変化球はなんとかなるんよ。ケツ引こうが何しようが、当てさえすればそのへんに転がってくれるから。変化球はカーンというフライにならない。かえってボテボテのゴロになって失敗が成功になるからね。ストレートが一番恐怖心が出るし、失敗したらカーンというフライになりやすい」

やることはやったうえで、バントをさせる。決められてもアウトカウントを確実に稼ぐ。これが基本的な考え方だ。

「ただね、県立校相手で打順見て100パーセントバントなら、めちゃくちゃシフトしくよ。あとは、土佐の八番バッターとかね。正対してるんだから」

打者が正対して構えていればバスターはできない。リスクがなければやる。判断基準はリスクがあるかないかだ。同じ理由でピックオフプレーもやらない。

「県立高校ならひっかかるけど、本当に強いチームやったら、ピックオフなんかかかるわけない。時間の無駄じゃ。でも、練習はするんよ。というのは、相手にやられてウチがひっかかったらいかんからね。そのためにやっとく。でも、ウチはやらん」

ピックオフの練習に時間をかけるなら、バント練習かノックをする方がいいというのが馬淵監督の考え。使う頻度が少なく、リスクのあるプレーよりも、試合で多く起こる基本プレーを優先する。それが馬淵監督の考え方なのだ。

馬淵史郎のセオリー44

内野手は捕れないと思う打球も最後まで追う

簡単にあきらめる、粘りのないプレーを嫌うのが馬淵監督。ヒット性の当たりでも、最後まで追いかけることを要求する。

「一、二塁間の打球で下手なファーストが一歩も動かないことがある。『お前、ええ加減にせえよ』って。（ファーストが飛び出したときのために）ピッチャーがベースカバーの練習してるのに。それに、ダメでも追いかければピッチャーも納得するよ」

この姿勢が特に大事になるのが、走者が二塁にいるとき。内野手が抜かれたら1点入るが、内野安打にしても止めさえすれば失点を免れる可能性が出てくる。

「内野安打でもいいからとにかく止めろと。（二塁走者を）サードで止めたら、一、三塁でゲッツーも取れる」

当然、すべての内野ゴロにいえることだが、馬淵監督がこだわるのが一、二塁間の打球だ。

「特にセカンドゴロね。あそこが一番『抜かれた』と思ったやつを捕れるときがあるんよ。ランナーが一番多く走るコースでデコボコになってる。そのせいで、抜かれたと思う打球でも、ポン、ポン、ポーンとスリーバウンドめでイレギュラーして捕れるときがある。ポーンと上がるから、間に合うんよ。だから、絶対あそこは気を抜いたらいかん。セカンドが追っとかんと。それはやかましいほど言ってる」

もちろん、セカンドは打球に対して一直線に行くのではなく、左斜め後ろに追った方がいい（図3）。

図3　セカンドの打球（ゴロ）への入り方

その方が守備範囲が広くなるからだ。

走路で荒れたグラウンドが味方することがある。そこに気づいた人、最後まであきらめない人だけが幸運をつかむことができる。

馬淵史郎のセオリー45

ポジショニングでヒットを防ぐ

野球は守る場所が定められていないスポーツだ。極端にいえば、内野に5人いても外野に4人いてもいい。ポジショニングは自分で決められる。

「例えば、こいつは引っ張りで三遊間しか飛ばんいうんやったら、ショートが三遊間の真ん中守ってもいいわけですよ。それができるスポーツやから。そこらへんのところが見えないファインプレーよね。だから、この球種を投げたら、こいつはここにしか飛ばんというデータがあるのとないのとではえらい違いや」

馬淵監督が教えているのは、サードがいつ三塁線を締めて守るのか。

「右ピッチャーが右バッターの外にスライダーを投げたとき、サードはどこに守るか。他の監督らに訊いても『三遊間を締める』と言うわけ。違う。外のスライダーを投げるなら、サードは絶対キャンバス寄りや。外の球をひっかけて打つんやから。インコースのストレートに詰まったときが三遊間。インコースをいい当たりしたら全部ファウルやから。甲子園の上位校みたいなバッターなら、外に変化球で攻めるときはキャンバス寄り、インコースなら三遊間。三塁線を抜くバッターは、昔からいいバッターはおらんというわけ。外回りのヤツじゃないと三塁線なんか入らんのやから。そういうことを選手たちに教えてるのと教えてないのとじゃ全然違う。外やから左に寄る、内やから右に寄るは逆なんや。左バッターはその逆バージョンで考えれば大きなやけどはしない」

外野手のポジショニングはさらに重要。抜かれたら即長打になってしまう。

「左バッターでセンターをどこに守らすかいうたら左中間よ。右中間じゃないんよ。特に左対左だったら、左の振れるバッターやったら内はファウルにしかならんのや。外に速い球やったら、引っ張ろうと思っても左中間しか飛ばないんよ。それを左バッターやったら右中間を締める。バカじゃないかって。右バッターのドアスイングのヤツに内角に投げてヒットになるのはライト前のポテンしかない。ドアスイングで前で打ったらファウルにしかならないんよ。ヒットになるとしたら、ガツンと力任せに振ったのがポテンになるだけ。したがってライトは前なんよ。そういったマニュアルがなんぼもあるわけ」

言葉で説明し、時にはビデオを見せながら覚えさせていく。ベンチから指示されなくても、自分で動けるようになるのが理想だ。こうやってベースをつくっておいて、あとは試合中にアレンジする。

事前の見立てよりもよい打者のこともあれば、投手との相性がいい場合もある。ファウルの打ち方や飛んだ方向などを見て、調整するのだ。

「野球に100パーセントはないけど、徹底的にマニュアルを教えてやれば、県立校でもチームはできあがる。足が遅いヤツでもマニュアル通りに守っとったら、定位置にいる人より10メートル先に走ってるのと同じなんよ。野球ってそんなスポーツなんよ」

徹底してマニュアルを教え、ポジショニングミスをなくす。ポジショニングを覚え、ヒットの打球をアウトにする。これが野球の醍醐味。面白さ。馬淵監督はそれを伝えているのだ。

馬淵史郎のセオリー **46**

強打者はインコースと高めを攻める

打力全盛の高校野球。筋骨隆々の強豪校の選手が金属バットを持てば、軽くスタンドに入る。だが、それを恐れ、変化球でかわそうという投球では戦えない。

「大阪桐蔭とか強豪校のバッターは、どっちか言うたら手が伸びたとこで打ちたいんよ。だからインコースに投げれないピッチャーは勝てない。逃げて外に投げてみな負けるんよ。長打が怖いからね」

強豪校の選手にとって、甲子園はアピールの場。フルスイングをして一発放り込んでやろうと思っている。そんな超積極的な打者には、こちらも攻める気持ちが必要だ。

「デカいヤツはドーンと打ちたいわけよ。そいつらが打てるとこは外の甘めしかない。外に投げようとしてシュート回転して手伸びゾーンにいくのが打たれるパターンよね。インコースは投げ間違いが一番怖いけど、岸みたいに球威があってインコースに投げれるピッチャーはそんなに怖くない。インコースでファウルを打たせとって、外にスライダー。手伸びゾーンに甘く入らなければ打ち取れる」

エース・岸潤一郎が馬淵監督の言う通りの投球を見せたのが13年夏の甲子園3回戦・大阪桐蔭戦。森友哉（現埼玉西武）、香月一也（現巨人）らがいた打線に8安打は許したものの、四死球はゼロ。1点に抑えた。五番の香月には4打席全8球中6球がインコース。三番の森も4打席すべて結果球はインコースだった。2安打は許したが、外野に飛ばされたのは1本だけ。セカンドゴロ2つとショート内野安打に封じた。岸は言う。

「どこのチームを見てても、桐蔭相手だと逃げますよね。でも、実際、ちゃんと投げれば、一番長打が少ないのはインコースです」

岸がインコースに投げ切れたのはコントロールがいいこともあるが、それだけではない。普段の練習で本番を想定したインコースの練習をしていたからだ。

「僕は打席に監督さんを立たせたこともありますよ。引退した杉原（賢吾、2学年上の先輩）さんを立たせたこともありますし。そうすれば、（強豪に投げるときと）絶対そのプレッシャーはいっしょなんで。監督さんなんて、当てたらヤバい。『自分はどうなるんや』ぐらいの感覚じゃないですか。控え選手を立たせても意味ないです」

岸がそう言うように、本番を想定するとは、強豪校と対戦するときと同じぐらいプレッシャーをかけて練習すること。当てても「ごめん」ですむ控え選手を相手に練習してもプレッシャーは雲泥の差。

監督や先輩など「当てたらとんでもないことになる」という人を相手に練習して、初めて同じぐらいの緊張感になる。馬淵監督は言う。

「打席に立つよ。その代わり、リリースした瞬間にパッと離れるけど（笑）。顔のへんに来たことないよ。ピッチャーは相当気を使って投げるから。それも大事やで」

インコースと同じようにポイントになったのが高めを使うことだった。試合前、馬淵監督は岸にこう指示している。

「森はローボールヒッター。ストレートは高めに投げろ。フォアボールを取る気はないから振ってくる」

森友哉や清宮幸太郎に代表されるように、近年の高校球界のスラッガーはローボールヒッターが多い。距離の取れる低めを打つことを得意としているため、いかに狙って高めに投げられるか。釣り球に使うような明らかなボールゾーンではなく、ストライクかボールかぎりぎりのところへ投げ込めるかが勝負になる。それをインコースに投げられれば完璧だ。

「インハイはどこも打てないよ。大阪桐蔭も智弁和歌山も打てない。人間は手をたたむのが一番難しいからね。デカいヤツは特に難しい」

岸は香月に対してインハイ勝負でいった。きっちり投げられた第1打席はレフトフライ、第3打席はファーストゴロ。どちらも二塁に走者を背負っていたが、逃げずに攻めていった。ちなみに、同じインコースでも低めに投げた第４打席は右中間に二塁打を打たれている。岸は言う。

「高めは練習しました。確かに高めに投げるのは怖いですけど、投げないと絶対抑えられないんで。そこは気持ちとバッテリーの信頼関係だと思います。練習するのは胸元ですね。胸元が一番手が出ないじゃないですか」

かつては高めイコール長打というイメージがあったが、近年はそうでもない。打ち方を見て、見極めた結果の高め勝負だった。馬淵監督は言う。

「高めが打てないバッターは多いよ。ガキの頃からあおって打つからね。ローボールヒッターには、高めのスピンのあるボールをベルトから少し上のストライクゾーンに投げられれば厄介。岸の球は独特のスピンがあるから、変に変化球を投げるよりストレートで押した方がいいんよ」

セオリー45（161ページ）で馬淵監督が言っているようにドアスイング気味の打者はインコースはファウルにしかならない。きっちりインコースに投げられれば、ファウルでカウントを稼げる。大阪桐蔭や履正社など強豪校の打者は四死球を望んでいない。打ちたくてたまらないから必ず初球から振ってくる。どんな強打者でも、追い込まれれば脆さが出るのだ。もっとも悪いのは、コースを狙いすぎてボール先行のカウントになり、ストレートでストライクを取りにいくこと。インコースと高めを使い、最悪のパターンさえ避ければ、勝機は生まれる。

「インハイに投げられれば球が遅くても打ち取れるんよ。ウチの新地（智也、19年夏の甲子園２回戦・智弁和歌山戦に先発し、6回まで無失点）がいい例や。普通ならアウトコース中心でたまにインコースを投げてアウトコース勝負というところを、智弁との試合に限っては逆にした。『アウトコースはボール、ストライクはインコースでいけ』と言ったんよ。同じようにサイドのピッチャーも高めに投げる練習をせないかん。サイドは横の変化とばっかり思うから打ちやすい。高低を使うと打ちにくい」

攻める気持ちとそこに投げるための準備。普段の練習から、いかにプレッシャーをかけてやれるか。本物の準備をしている者だけが、内角と高めに勇気を持って投げ込めるのだ。

馬淵史郎のセオリー47

ベース寄りに立って内角球を消す

春が1試合平均1・06個、夏が1試合平均1・22個。

これが明徳義塾の甲子園での1試合平均死球の数だ。春夏ともに1試合1個以上を記録している。小倉全由監督の率いた関東一・日大三（春0・52個、夏1・00個）、原田英彦監督の率いた龍谷大平安（春1・04個、夏0・95個）と比べても多いのがわかる。1試合あたりで見ても02年春の福工大城東戦で6死球、04年夏の盛岡大付戦で5死球を記録。ベスト4に進出した12年夏の甲子園では初戦から4試合連続で死球を記録し、合計7個。ベスト8だった13年夏の甲子園も3試合連続で死球を記録し、合計7個。12年夏から14年夏にかけては9試合連続で死球を受けている。春も96年から98年にかけて、04年から11年にかけて6試合連続を記録。日大三が5試合連続、龍谷大平安は6試合連続が最長であることを考えると、いかに安定して死球が多いかがわかる。

これは明徳の打者の打席で立つ位置に関係がある。本塁ベース寄りぎりぎりの位置に立つ選手が多いのだ。

「高校野球はどうしても外のストライクゾーンが広いよね。ボール1球、1球半ぐらい。そうすると、外を攻めてくることがすごく多いわけよね。（本塁寄りに）詰めてる分だけインコースはすごくきついんだけど、両サイドを好きなように投げさせたくない。自分も苦しくなるかもわからんけど、相手をちょっと苦しめろと。オレは戦術のひとつやと思うんやけどね」

本塁寄りに立てば、死球を当てる恐れがあるので投手は内角に投げにくい。必然的に外角球の割合が増える。

「特に満塁のときなんてデッドボールで押し出しよね。そうすると、向こうは選択肢が限られてくる。インコースを攻めてその通り来ればええけど、間違うたらデッドボールになるかもわからんと思ったら、絶対外を攻めてくる」

どんな投手でも外角を中心に投げるのが基本だ。外角ばかり投げる投手はいても、内角ばかり投げる投手はいない。7割は外角になる。打者にとって、たまに来る内角球が邪魔になるわけだが、それをさらに投げにくくすることで的を絞りやすくするのだ。

もちろん、内角球は窮屈になり、打ちづらくなる。そのため、バットを短く持って対応するようにしている。

「北川（倫太郎、元楽天）とかリーチのあるヤツには『外が届くから（ベース寄りに詰めず）離れとけ』と。外を届くようにするのは、アウトコース低めに届いたらいいということ。リーチのあるヤツの立ち位置が近すぎたらボールゾーンまで届くから振ってしまう。その場合は、ボール球に届かないように立っとけと」

もっとも遠い外角の低めにバットが届く位置から逆算して立ち位置を決めるため、審判のストライクゾーンによって調整も必要。ただベース寄りに立てばいいわけではない。

死球が多いとケガのリスクも高くなるが、よける練習はしているのだろうか。

「してないけど、『そんな当たり方したらケガするで』とか『危ないから首から上は絶対よけろ。大事になるぞ』とは言うけどね」

恐怖心と戦い、ベース寄りに立てるかどうか。ケガをしないよけ方ができるかどうか。これが明徳でレギュラーになる条件ともいえる。

「やっぱり、そうやってピッチャーにプレッシャーを与えるってことは、（ピッチャーは）精神的にはきついはずですよ。離れて立って投げられたら、なかなか攻略はできんと思います」

野球は確率論。確率を重視するのが馬淵監督の野球。相手にいかに内角球を投げさせないか。これも勝つための一歩なのだ。

馬淵史郎のセオリー**48**

選球眼のよい選手をレギュラーにする

春が1試合平均3・55個、夏が1試合平均2・84個。

これが明徳義塾の甲子園での1試合平均四球の数だ。強打のチームが相手だと投手は攻められず四球の数が多くなるが、小倉全由監督の率いた関東一・日大三（春2・52個、夏3・15個）と比べても遜色ない。春に限れば、1個上回っている。明徳義塾は決して強打ではないことを考えると、選球眼のよさは際立っているといえる。

「オレはボールを打つのが一番嫌いや。ボール打つヤツはバッターとしてダメやね。『明徳でレギュラーになりたかったら、守れないのとボール打つ選手は無理やぞ』って、いつも口酸っぱくして言ってる。向こうが『しまった。ボール投げた』と思う失敗を『振ってくれた。ラッキー』って成功にする選手はアカン」

表4　低打率でも四死球が多い選手（夏の高知県大会成績）

		ポジション	打数	安打	打率	四死球	犠打	出塁率
2004	西山	二塁	9	2	.222	4	4	.400
2010	梅田	二塁	11	1	.091	5	2	.353
2014	水野	捕手	7	1	.143	5	3	.462
	尾崎	左翼	8	1	.125	5	1	.429
2019	米崎	遊撃	6	0	.000	5	2	.455

逆にいえば、選球眼がよければ馬淵監督のお眼鏡に適う選手になる可能性がある。
「守れて選球眼がよければ少々打てなくても試合に出れる可能性がある。野球は確率のスポーツやから」

馬淵監督の言葉がうそでないことを示すのが**表4**だ。夏の高知県大会の成績を見ると、低打率でもレギュラーとして起用されている選手がいる。それらの選手に共通するのは、選球眼のよさ。四死球の数が多いのだ。四死球で出塁すれば安打を打ったのと同じ。これにきっちり送りバントを決めれば、馬淵監督の言う〝数字のマジック〟で出塁率は跳ね上がる。19年の米崎は、6打数0安打で打率は・000だが、5四死球を選び、出塁率は・455。半分近く出塁している計算だった。

「カウント3―2でボールを振る選手と見逃せる選手。そこらあたりで勝敗分けるからね。競ったゲームで先頭打者が3―2からワンバウンド振って三振されたんじゃ、野球にならんわけよ」

では、明徳義塾の選手はどのように選球眼を磨いているのか。

「練習のときからボール打ちはものすごく戒めますよ。『打つな』って。普段からやかましく言うしかない。見逃すのもひとつのバッティング練習になる。練習試合でもボールを振って帰ってきた選手にベンチで『あれはボールやったぞ』と言うとかね」

ストライク、ボールの見極めで難しいのがストライクからボールになる変化球。この球に手を出しているようでは、甲子園で勝ち上がることはできない。変化球が見えない選手は、変化球の軌道を予測できていないことが多い。そのため、かつての馬淵監督は変化球を打てない選手にキャッチャーをやらせていた。

「変化球をミットで追いかけるヤツはダメやね。最近はやらさんけど、ミーティングではよく言うよ。同じことはファーストでワンバウンドを抜かすヤツにもいえる。早めにステップしてグラブを出すから抜かす。引きつけるだけ引きつけて、パーンとグラブを出したら、ハーフバウンドでも捕れるんよ。タイミングですよ。ひとことでいえば、タイミングが合わんヤツがボールを振るということ。タイミングが合ってたら、（投げた球が）ここで消えたらボールになるというのがわかるわけ。タイミングが早いヤツは打ちにいくからボールが前にある状態になる。だから振ってまう」

引きつけてボールを長く見られるかどうか。ボールは必ず自分の方へ来る。待てずに追いかけてしまうと目切りが早くなってボール球を振ってしまうのだ。もちろん、これはバントをするときも同じ。明徳がバントを重視する野球であることも選球眼の向上につながっている。

打てなくては勝てないというが、ボール球を振るチームはもっと勝てない。明徳義塾の積み重ねた数字が、それを物語っている。

馬淵史郎のセオリー**49**

送りバントで確実に進める

春が1試合平均2・55個、夏が1試合平均2・76個。

これが明徳義塾の甲子園での1試合平均犠打の数だ。春夏ともに1試合2・5個以上を記録している。小倉全由監督の率いた関東一・日大三（春1・65個、夏2・45個）、原田英彦監督の率いた龍谷大平安（春2・25個、夏2・75個）と比べても多いのがわかる。

夏の甲子園に出場したときの地方大会の1試合平均の犠打数を見ても、明徳義塾は3・21個、関東一・日大三は2・32個、龍谷大平安は2・92個と明徳が一番多い。走者が出ると確実にバントで送るのが馬淵監督のスタイルだ。

「バントで送って点が入る確率とバントをやらずに打たして点を取る確率が、何割あるかって言う人がいるけど、セカンドから打った方が、点が入る確率は高いわけやから。東京から高知に帰ってくるのと、大阪から高知に帰ってくるのとやったら、大阪の方が近いに決まってるやろ。ちょっとでも先の塁に進んだ方がいい」

近年の高校野球は打力向上が著しいが、ひとつでも本塁に近い塁に進めるのが得策との考えは変わっていない。

「やっぱり、自信があるところはバントするよ。自信がないところが打たすんよ。六番がヒットで七番がバントして八番、九番で点が取れるかいうたら取れないわけ。打ち取られるのが関の山。だから下位が出たときは打たすんだよ。下位から点が取れるとしたら、一、二塁になってバントして二、三塁になったときぐらいしかないわけよ。逆に上位はバントさす。あとに打てるヤツがおるからね。下位のときほどエンドランとか作戦が多いのは打てないから。昔のPL学園は1アウトからでもバントだった。なんでか言うたら、一番から九番まで打てるバッターをそろえとるから。そんな難しい作戦をとることはないわけよ」

バントをする際に大事なのは構え。明徳の右打者がひざをついてバントをするのをよく見るが、明徳ではこうしなければいけないという決まりはない。

「できたらなんでもええと言ってる。オレは（投手に対して）45度に構えてやりよった。（右打者の場合）右足を（後ろに）クロスした方が外は届きやすい。正対したら外は届きにくいけど、完全なストライクはこの方が確実にできる。ひざをつくのはいいよ。ボールを追いかけなくなるから、ボールをやらんようになる。ただ、最初からついてるとよけれんから危ない。だから、投げてからストライク気味やと思ったらつけと。（転がす方向は）送ってくれたらどこでもええし、どんな構えでもええ」

転がす方向にはこだわらなくていい。正面でも打球を殺せば成功するからだ。難しいことは言わないのが馬淵流。バントをする際のポイントもシンプルだ。

「バントはタイミング以外何ものでもない。タイミングさえ合ってたら正対しててもできるんやから。外野手でフライを捕りにいくヤツにバントをやらしたら絶対失敗する」

フライは落ちてくるもの。落ちてくるまで待って、グラブを出せばいい。腕を伸ばして捕りにいく選手はバントをしてもボールが来るまで待てず、追いかけてしまう。変化球を見極める際と同様、ポイントまでひきつけて、タイミングよくバットを出せるかどうかが成功のカギだ。

タイミングを合わせるために欠かせないのが、しっかりバントの姿勢をつくること。甲子園でも最初からバントの構えをせず、ヒッティングの構えから送りバントをする選手が増えているが、これは構え遅れの原因になる。

「バントだけは絶対上半身から。まず上半身から合わせて、下半身があとからいかないといかん。下半身からつくってたら構え遅れるし、スピードが１４５キロなら絶対失敗する。上半身だけは、いつ（ボールが）来ても、（構えるのが）遅れてもやれるようにつくらないといけない。特にスクイズのときは上半身からやね。上半身をつくってれば外されても届くけど、正対してしもうたら届かん」

もうひとつのポイントは、恐怖心をいかになくすか。１４０キロを超える球を数多く見て、スピードに慣れることも必要だ。あとは練習で数を重ねるしかない。

「これは挟殺プレーあたりにもいえるんだけど、練習で8割方できたら試合ではできる。うまいヤツでも練習で１００パーセントは難しい。２割ぐらい失敗することで、こういうミスはしたらいかんとわかってくる」

ちなみに、明徳の選手だからといって初めからバントができるわけではない。

「ウチに来てる選手でもバントが下手なヤツがおる。中学のときにバントせんから。『バントなんかしたことない』『ずっと四番でした』『ランナー一塁は左バッターは引っ張れと言われました』って言うんやから。だから教えるんよ。バントができだしたら、バットの角度も覚えるからね。バッティングも覚えてくるんよ。バントする位置とミートする位置はいっしょやから。タイミングも合わせられるようになるしね」

1年生は投手に対して真正面に立ち、身体をめがけて投げられたボールを正面に転がすところから始める。通常はフリー打撃の際に横でバント練習をすることが多いが、優勝した02年のチームは冬場に1時間バント練習という日もあった。できなければ試合に出られないため、自主練習をする選手も多い。やればやるだけうまくなるのがバント。打順に関係なくバントのサインが出るのが馬淵監督の野球。明徳で試合に出たければ、練習あるのみだ。

馬淵史郎のセオリー **50**

バントの構えでかけひきをする

簡単に初球から送らない。それが馬淵監督の野球だ。初球をバントしてしまえば、相手は何も考えないですむ。何のプレッシャーも与えることができない。

「バントなんか1球目からしたらバカよ。1球目ボールやったらバントの構えでもう1球待て。ストライクが来たら3球目をバント。ボールで2—1になったらバスターエンドランかバント。3—1になったらもう1球待てで3—2からバント。それが野球よ。1球目からなんでもポンとやってくれたらピッチャーは楽やもん」

広島商監督として73年夏の甲子園で優勝、如水館も8度甲子園に導いた迫田穆成元監督も同じようなことを言っていたが（『力がなければ頭を使え』法則9を参照）、いかに相手に考えさせるかが大事。迷わせることでミスも誘うことができる。

注意しなければいけないのは走者二塁のとき。二塁走者からはコースがよくわかる。打者がボールと思って見送っても、走者がストライクと判断して飛び出してしまうことがあるからだ。どうしても送りたい場面では、多少ボール気味の球でも1球目からバントをするようにしている。

「バントをやめるときはバットだけじゃなく、大きな動作で身体ごと引く。そうせんとランナーが行くか戻るか迷うから」

送りバントのケースでは相手も勝負をかけてバントシフトをかけてくることがあるが、これもかけひきをする絶好の場面だ。

「バントのサインが出とっても、強烈なシフトをやってきたら1球目はバットを引いてもいい。2球目は引いたら0—2になるから、『出てきたら打つぞ』という気持ちを持ってバントでいく。右バッターはファースト、左バッターはサードの動きが見えるから『出てきたら切り替えて打て』と言ってる。それはやっていいからと」

監督の出したサイン通り動くばかりが野球ではない。相手が何をしてくるかでやることが変わるのが野球だ。

「シフトしかれてるのに、わざわざバントしてアウトになるよりも、1球目はストライクでいいから引けと。結局、1球目をそうやって引かれた方が相手は嫌なんよ。『2球目もシフトかけたら打たれるんちゃうか』ってちょっと躊躇する。それで1ボールになったら、もう1球待たす。1—1からやってもいいけど、結構2ボールになるんよ。2ボールになったら『サインなんか見るな。絶対待てや』と。3ボールになる可能性がある。2―1になっても、そこでエンドランをかければ絶対ボールは投げれんのやから。ランナー一塁で2ボールから外すキャッチャーがいたら、たいしたもんよ」

ストライク、ボールの判定で1球ごとにサインが変わる。そこが野球の面白いところ。相手の心理を読むことも含め、それを楽しめるかどうか。野球が好きで、野球を覚えれば、なぜ、今、ここでこういうことをするのかがわかってくる。次に出る監督のサインを予測できるようになる。監督の意図を理解し、自分のやるべきことがわかれば、おのずと作戦の成功率は高まる。細かく野球を教え、そういう選手を増やしていくことが指導者のやるべきことなのだ。

馬淵史郎のセオリー51

どんな球もスクイズをする練習をする

このセリフを何度聞いただろうか。

「オレはスクイズは1回も外されたことがない」

馬淵監督はそれぐらいスクイズを出すタイミングに自信を持っている。

「自慢じゃないけどスクイズは1回も外されたことない。甲子園でもウエストされたのは1回もない。というのは、外されるカウントのときにはスクイズは出さんということ。一塁があいてるときが一番出しにくいんよ。特に相手が敬遠気味にきてるとき。そうじゃないときは、『どうにもならん。スクイズで1点取られた方がいい』と思ってるチームはなんぼでもある。外されるカウントで出したら監督の責任や。『ここはどうしてもよう外さんやろ。外せるなら外してみぃ』というとこでしかオレは出さない」

外される心配はないから、あとは選手の責任。逆にいえば、監督を信用しろということだ。

「偶然、ボールになったときはあるよ。でも、そのときは（バットが）届かん球なんてない。だから選手には『オレが出したときはウエストはないと思っとけ。ただし、たまたまワンバンになったりするときはある。それはお前らの責任でやってくれ』と。外されたときの練習もするんやけど、そのときはファウルにしてくれればいい。『監督に恥かかすな』と言うとる」

ここまで言い切れるぐらいの自信があるから、セーフティースクイズは使わない。やるとしたら、スクイズだけだ。

「セーフティースクイズの練習はやってるけど、『戦法としてあるよ』と言うための練習。ほとんど使わない。よっぽど三塁ランナーがよくてバントがうまいヤツじゃないと決まらないから。それやったら、外せないカウントでスクイズを使う方がずっと楽ですよ」

監督の自信が選手に乗り移るのか、明徳の選手はボール球でもスクイズを決めることがよくある。11年夏の高知県大会決勝・高知戦では9回表一死三塁で今里征馬が頭より上の球を三塁線に落として成功させた。

馬淵監督にとって思い出の試合のひとつになっている14年センバツ1回戦・智弁和歌山戦。仲の良い高嶋仁監督に勝った試合もスクイズが大きかった。12回表に1点を勝ち越されて迎えたその裏の攻撃。一死一、三塁、カウント3—1から一番の尾崎湧斗がスクイズを決めて同点に追いついた。尾崎は「初球から甘い球を振っていけ」と馬淵監督に言われていながら、「1ストライクになればスクイズがあると思った。スクイズの方が自信があった」と見逃し。言葉通り決めてみせた。尾崎は言う。

「高校入学後、バント練習は全部スクイズを想定してやってきました。スクイズができれば他のバントはできるからです。ボール球でもワンバンでも全部バットに当てようとやってました」

尾崎がバントしたのはストライクの直球だったが、監督に恥をかかせない準備はできていた。

監督の中にはケガや失敗したときの心理面を考えて投手にサインを出さない人もいるが、馬淵監督にそんな考えはない。

「ピッチャーは絶対せないかんよ。ピッチャーと四番こそ絶対やらないかん」

甲子園でも03年夏の甲子園2回戦・平安戦で四番・山口秀人にスクイズを命じている。1対2で迎えた8回表一死二、三塁、カウント1―1からサインを出したがファウル。結局、得点できずに敗れ、「100パーセント、スライダーのカウント。スライダーのスクイズ練習はしてたのに」と悔しがっていた。

「明徳の四番はスクイズができないとダメ。バッティングのいいヤツはタイミングがいいから、ほとんどがバントうまいよ」

打順、ポジション関係なく全員がスクイズを決められなければいけない。打てなくても点を取る。負けない野球の準備をするのが、明徳野球なのだ。

馬淵史郎のセオリー52

流れが悪いときは相手投手のテンポを変える工夫をする

ヒットが出ない。それどころか、ランナーも出ず、完全に抑え込まれることがある。こういうときに無策だと、あっというまに試合は進み、終わってしまう。こんなとき、どうすればよいのか。

「ずっと冷静に見とかないかんね。冷静に見て、早打ちすぎるとか。第一ストライクを打つ方が確率が高いことは誰でもわかってるんやけど、『ちょっと今日は1ストライク後から打て』とかね。『ボール、ボールときたらずっと待っとけ。初めてストライク入ってからヒッティングに入っていいよ』とか、そういうことは大事やね」

打てないと焦りが出てくる。焦ると狙っていない球にまで手を出してしまう。気が急いてしまわないように、あえて1球待たせるのだ。この他には、相手の心理を揺さぶるテクニックもある。

「やらなくても『1球目にドラッグバントの構えせえ』とか、『バントしてわざとファウルにせえ』

とか。バントして走っていった。ファウルになって帰ってきて、打席に入る。その間に時間的な間ができるからね。ちょっとでも、何分かでも相手の守りの時間が長くなるようにする。そういったところでリズムを変えていく」

サッカーにボール支配率があるように、野球も攻撃の時間が長い方がいい。たとえ点が入らなくても、どうやって攻撃時間を引き延ばせるかを考える。

「そうすると不思議と攻撃のリズムが出てくるんよ。ピッチャーが（打球を捕りに）走ってきて、ファウルでマウンドに帰っていく。バッターも帰っていって、2回ぐらいスイングして打席に入るでしょ。そうなったとき、次にヒットになったり、フォアボールになったりすることが結構あるんよ」

投手に自分のテンポで投げさせないことが大事。特に調子のよい投手は間合いを短くしてどんどん投げてくることが多いので、リズムを変えさせることを意識しなければいけない。

「1球目にバントをやりにいってボールやったら（バットを）引く。2球目ももう1回やりにいく。やってもいいし、ボールなら当然待てよね。2―1から打ちにいってもええし、3―0になるピッチャーもおる。そうやって、マウンドでブルペンと同じような感覚にはさせないこと」

あまりにも間合いの短い投手にはこんなこともする。

「構えとって、投げそうなときにタイム。これは、先（※投げる動作に入るよりも前）にやったらいかんのよ。先にやったら心の用意があるから。これは、3―2あたりでやると非常に効果がある。フォアボール出したくない。集中して、『さぁ投げるぞ』というときに『タイム』とかやると、高校野球は次が8割ボールよ。3—1、3—2でせっかく自分が集中して、モチベーション上げて、今度はストライクを投げないかんというときにこれをやられるとピッチャーは嫌でたまらんのよ。ここでファウルでも打てば、新球になる。それをこねずに無造作に投げるようなヤツはほとんどが抜けてボールよ」

細かいかけひきだけに打者もとっさにはできない。ここ一番でできるように練習する。

「当然だよ。ベンチで『こいつどこでタイムかけるかな』って見てる。これを『汚い、アメリカの野球にそんなのはない』って言うかもわからんけど、やっぱりそうやってちょっと間をひとつ変えることで野球というのはどうなるのかってことよ。野球は1＋1は2じゃないから。3にも4にも5にもなるんやから。逆もあるよ。マイナス1＋マイナス1がマイナス10になるときもある。勝とう思うたらね、いろんなこと考えるんよ。いっぱいあるよ。何百とあるよ」

このやり方を「汚い」と言う人は頭を使っていないということ。相手のペースを乱すためにどうするのか。頭を絞り、工夫をしなければ負けが待っているだけ。野球は間のスポーツであり、心理のスポーツ。突破口が見つからなければ、それを利用するのみだ。

馬淵史郎のセオリー53

相手の嫌がることをする

思うツボ、だった。

03年夏の甲子園1回戦・横浜商大戦。0対0で迎えた6回表、明徳義塾の守り。二死二塁で四番・給前信吾を迎えたところで、馬淵監督は敬遠を指示した。明徳のマウンドはサイドハンドの湯浅雄仁。給前は左打者で第1打席は安打を放っている。五番は右打者の河西友輔だったため、当然の策だったが、2球目のウエストボールを給前が空振りした。

「どうぞ3つ振ってくださいと思ったね。次もまた外すからと。松井みたいにすごいバッターやから敬遠するんじゃなくて、あの展開であの場面やったら敬遠してもおかしくない」

その時点で11年前のこととはいえ、まだ甲子園に星稜・松井秀喜を5敬遠したイメージが残っていた。給前の空振りにスタンドはざわついたが、明徳ナインはぶれない。湯浅は給前を歩かせ、河西をセンターライナーに打ち取った。

給前としては「勝負しろ」という意思表示、抗議を示すための行動だったが、これこそ、馬淵監督の狙い通り。相手の心理が動いているからだ。高校生は精神的に未熟。心のぶれが、プレーに表れる。案の定、その後の給前に変化が出た。5回までは明徳打線を無安打に抑えていたが、敬遠された直後の6回裏は先頭打者に四球を与えたあと、初安打を許した。その回のピンチは抑えたものの、7回裏には4安打1死球で3点を失った。

相手の心理面を動かす。それが作戦。92年の星稜戦も同じだった。星稜は松井の前の打者が出塁して、松井が還すのがパターン。松井は還す人だ。ところが、この試合の松井は勝負してもらえず、還す人から還る人になった。松井が打てば盛り上がり、チームが乗っていくが、それができない。いつものリズムでできないために、星稜は違和感を抱えながら試合をすることになった。

「いつもと違うぞという感覚を持たすには敬遠は大きかったやろうね。後ろのバッターにはプレッシャーがかかる。監督にも、あとのバッターにも、チーム全体にも普段の精神状態でできないようにするというのは、ものすごくいい作戦やと思うね」

相手をいつも通りにさせない。気持ちよく野球をさせない。これができれば、作戦は成功なのだ。

「敬遠することによってベンチがあわてる。そういうプラスアルファもあるわけよ。ちょっとしたことで野球って変わってくる。それが野球の醍醐味よ」

馬淵監督は常々「相手の嫌がることをするのが作戦だ」と言う。

「バレーのサーブだって、毎回相手の弱いなと思うところに打つ。テニスだって相手がバックハンドが弱いと思えば、弱い方に打つ。それでスポーツは成り立ってる。相手が得意なところにサーブを打ってやるお人好しがどこにおるんよ。作戦ていうのはそういうもん。スポーツで汚いだなんだいうて、ルールの中でやることを論じちゃいかんのよ。そんなこと言ったらスポーツにならん。だいたい、盗むや刺すや殺すや死ぬやという言葉が出てくるスポーツは野球だけなんよ。ただひとつ、敬うという言葉が出てくるけど、それは敬遠しかないんよ」

相手の心が動けば、いつものパフォーマンスが発揮できなくなる。相手の嫌がることをやり、相手の心理を揺さぶる。それが、馬淵監督の言う作戦。

「だいたい作戦なんていうんは、弱者の戦略、弱者の兵法。力関係が7対3なら勝てんけど、6対4なら4が勝てる。パワーがなくても一生懸命考えたら対等に戦える。それが野球の面白いところよ」

弱いから頭を使う、考える。戦力の差をどうひっくり返すか。どんな作戦をするのかこそ、監督の見せどころなのだ。

馬淵史郎のセオリー 54

初出場校相手には序盤に勝負をかける

初出場校相手の初戦に強い。それが、明徳義塾だ。

96年夏の常葉菊川（12対0）に始まり、99年夏の栃木南（9対1）、00年春の上宮太子（9対3）、01年夏の十日町（10対0）、02年春の金光大阪（7対4）、18年春の中央学院（7対5）と6連勝している。エースで三番の亀井義行（善行・現巨人）がいた上宮太子、吉見一起（元中日）がエースだった金光大阪、関東大会優勝の中央学院は初出場ながら前評判が高いチームだったが、貫録勝ちした。

これらの試合で共通しているのが、序盤に得点していること。特に初回に強く、常葉菊川戦は2点（3回にも2点）、上宮太子戦は1点（2回にも2点）、十日町戦は5点（2回にも2点）、金光大阪戦は1点（2回にも1点）、中央学院戦は3点と6試合中5試合で得点を挙げている。初回に得点できなかった栃木南戦も3回に1点を先制。すべての試合で序盤に先制点を挙げているのだ。

「初出場相手には序盤勝負。それは絶対あると思う。オレは自分の初出場は勝ったんやけど、何が何だかわからない間に終わってたみたいな感じやった。50試合過ぎたぐらいかな、甲子園のベンチで練習試合のような感覚でおれるようになったんは。それまではオレも必死。自分が結婚するときに結婚式の檀上に上がってるようなもんでね。緊張してね（笑）。だから、初出場で最初にぎゃふんといわされたら、『甲子園は甘くないな』ってなる。だって、初出場のときはノリにノリまくって出てきてるわけよ。そうじゃなかったら出てこれないから」

甲子園常連の明徳義塾は監督も選手も球場や雰囲気に慣れている。相手がまだ浮ついているときに攻めるのだ。

「特に県立は奇跡的な勝ち方をしてきてることが多い。それが怖いだけなんよ。先制パンチをしたら、『甲子園は予選とは違うぞ』ってなるから」

狙ってできるものではないが、これだけ続いているのは馬淵監督が意識している証拠。プレーボール直後に「さすが明徳」と思わせる。この時点で勝負はついているのだ。

馬淵史郎のセオリー55

相手にはわかりにくく、味方にはわかりやすくサインを出す

馬淵流、ばれないサインを出す方法。それは、ずばりこれだ。

「日常生活の動作の中で出すことやね。いつもやってること。腕組みしてるとか、顔かいてみたりとか。日常生活の動作の中で出されたら、相手はわかりにくいよ。もちろん、そればっかりじゃいかんから、中にはブロックサインも入れる。一番は相手にわかりにくく味方にわかりやすく。相手にわかりにくいけど味方にもわかりにくいようなサインを出しちゃいかん。最悪は相手にわかりやすく、味方にわかりにくい（笑）。触りすぎてわけわからんようになるヤツもおるやろ」

明徳では、普段から多くのパターンを使って練習するようにしている。

「今日はオレが立ったときはこう、座ったときはこうとか簡単なこともあるし、今日は出さないってこともある。練習試合と公式戦ではサインを変えることもあるね」

かけひきを重視する馬淵監督だけに、相手監督や打者にプレッシャーやフェイントをかけるようなこともする。

「ここはスクイズだなというとき、ずっと見てたらサインをよう出さん監督もおるんよ。あとはオレがダミーのサインをキャッチャーに出すわけよ。それだけで外されるかもわからんというのがある。当然、外せのサインもあるんやけど、それはキャッチャーには出さない。キャッチャーがオレを見てピッチャーにサイン出したらわかりやすいやろ。監督は出してないと思わせないと」

では、どうするのか。

「ショートに出すんよ。ショートに出して、ショートからキャッチャーに転送したら、キャッチャーが自分で考えたように見える。『このキャッチャーは自分で考えてるんだな』と思わせられる。そうやったこともあるね」

相手にばれないだけでなく、自チームの捕手の評価を上げる。一石二鳥のサインだ。また、捕手のサインを相手に見破られないよう対策もしている。高野連はサインの伝達行為を禁止しているが、甲子園常連校はいまだに伝達をしていることが少なくないからだ。

「サインを変えてるね。イニングで変えたり、順番を変えたり。直球とスライダーしかないヤツはキャッチャーミットで出すこともある。ミットがひざについてたらストレート、離れとったら変化球とかね」

これとは逆に、馬淵監督が相手のサインを見破ることもある。

「木内（幸男、常総学院元監督）さんは、ほとんどダミーよ。『しゃべってるか？　しゃべってるときはマネージャー（記録員）が出してるから見とけ』と。一時はね、部長がネクタイ触ったらスクイズというのもあった。オレは木内さんには甲子園で2勝、国体で1勝。1回も負けてない。わかってたから」

野球は間のスポーツ。こういうせめぎ合いが面白い。これができれば、野球の楽しさは2倍になる。ちなみに、サインを出すときに気をつけなければいけないことは何だろうか。

「サインって目を切る瞬間で結構わかるんよね。だから、ダミーのサインでも最後まで見てから目を切らないと。ヘボなヤツは出た瞬間に目を切るから、そのあとに取り消しが出ても見てない。いっぱい触っとっても『これ以上サインは出ませんよ』という意味で、打てとかのジェスチャーをやってるわけ。これはちゃんとやっとかないかんね」

他には〝ひっかけ〟をしておくことも必要だ。

「スクイズのサインはランナー一塁でも出しとかないかんね。ランナー一塁でスクイズなんかないんやから。ランナー二塁でも出したり、2アウトでも出したりしとったら相手にはわからんのよ。それで間違うヤツ？　昔いたね。2アウトで三塁ランナーが走ってきてよ。『何してんのや？　ホームスチールか？』言うたら、『監督さん、スクイズ出しました』って。バカヤロー。相手をかく乱さそうと思ったら、味方がかく乱されてどうするんや（笑）」

味方にはわかりやすく伝え、相手とはかけひきを楽しむ。見えないところで試合を動かす。サインを使って心理戦に持ち込む。それが馬淵監督なのだ。

馬淵史郎のセオリー**56**

夏の県大会決勝で初登板の投手を先発させる

こんな思い切ったことは馬淵監督しかできないだろう。

夏の高知県大会決勝。甲子園のかかった大一番で、その大会で1度も登板していない投手を先発させているのだ。しかも2度も。どちらもその先発が好投するのだから恐れ入る。

1度目は16年だった。決勝の相手は中村。県立校ながら、中学3年時に県大会準優勝した県中村中のメンバーが中心となり、力のあるチームだった。5月の県体1回戦でも対戦。明徳義塾が6対4で勝ったものの、7回までは4対4と苦戦を強いられている。県立校として22年ぶりの決勝進出ということもあり、周囲には中村の優勝に期待する雰囲気があった。

その試合の先発に抜擢されたのは右のサイドスロー・金津知泰だった。起用の理由を馬淵監督はこう説明する。

「準決勝までは中野（恭聖）1人やから、相手はまさか横手投げがくると思ってない。中村は右バッターが多い右打線やったから、絶対サイドがええと思っていった」

金津は立ち上がりにいきなり連打を浴びたが、三振併殺などで切り抜けると波に乗った。8回まで3安打しか許さず、7三振を奪って無失点。4対0で迎えた9回表に甲子園を意識し2失点してマウンドを中野に譲ったが、堂々たる投球だった。

2度目は19年。決勝の相手は中学時代に軟式で150キロをマークして話題の1年生・森木大智を擁する高知だった。森木を中心に準決勝までの3試合を無失点。打線も好調で38得点を挙げており、「打撃力は自分たちが上」と自信満々で臨んできた。

この試合の先発マウンドに上がったのは2年生サウスポーの新地智也だった。直球の球速は120キロ台だが、制球力に自信を持っている。準決勝まで登板しなかったのは馬淵監督の戦略。実は、投手陣で一番の信頼を置いていた。

「温存よね。これだけメディアが発達したら、ビデオだとかで配球とかサインとか全部読まれるんやから。まぁ、練習試合もメインの第1試合は全部新地が先発で投げとったからね。選手は『なんで監督は新地を投げささんのやろう』って思ってたと思うよ」

馬淵監督が新地に決勝の先発を告げたのは準決勝の前日。投げたくてうずうずしていた新地は「驚きより、投げられる喜びが大きかった」と言っている。捕手の安田陸も「チームも予想はしていた。

ピンチなら新地。決勝は新地と思っていた」と驚かなかった。

「ウチの選手は驚かんと思うよ。オレの性格知ってるから。それまでの対戦相手やったら新地以外でも勝てる。だから決勝は絶対新地でいくとみんな思ってたと思う。普段のミーティングの中でも（起用を）におわすしね」

待ちに待った出番に新地は躍動した。許した安打は4本だけで四死球はゼロ。森木に浴びた一発による1点に抑え、97球で完投勝利を挙げた。

多くの監督は球場によって違うマウンドや夏の大会独特の雰囲気に慣れさせるため、1度は登板させる。だが、馬淵監督はそれをしない。決勝でいきなり先発させるのは監督自身も勇気がいるはずだが、馬淵監督は「オレは全然緊張も何もしなかった。絶対いけると思った」と平然としていた。

では、なぜこんな大胆な起用ができるのか。理由は2つある。1つは、投手の性格。

「新地はびびる性格じゃないから。淡々と投げるから。そういうのは見とかないかん。金津もそうや。投げたくてたまらんという性格やから。びびるようなヤツやったら、できてないかもわからんね」

もう1つは、投手の状態。16年は初戦が7月18日で決勝が7月27日、19年は初戦が7月15日で決勝が7月28日。初戦の数日前の練習試合以降、実戦で投げていないが、その不安はないという。

「バッターは大会中のポテンヒットで翌日に調子が変わるけど、ピッチャーはそれはない。調子が悪いなりに勝ったから次の日に変わるかといったらなかなか変わらない。ピッチャーの場合はいいときも悪いときもスパンが長いんよ。大会前によかったら絶対大会は乗り切れる。逆に大会前にヤバいなと思ったら案外元に戻らない。5点ぐらいリードがあるときに、エースに自信をつけさそう、調子を戻そうと思って投げさせてみたら同点にされたりね。だから、『こいつだ』と思う調子のいいヤツを使った方が結果はいいね。新地がそう。調子がよかったから決勝だけ投げさせることができた」

性格と調子を見て、確信を持ってマウンドに送り出す。経験豊富な馬淵監督だからこそできる〝決勝いきなり初先発〟なのだ。

馬淵史郎のセオリー57

九死に一生を得る経験をする

「勝てるなら苦しんで勝った方がいい。勝てるなら、ね。田舎のチームでも別人のようになる。楽勝で勝つと人間やっぱりホッとするよ。トーナメントは精神面が大きいから。1回ぎりぎりまで来て、生き返ったら吹っ切れる」

17年夏の甲子園1回戦・日大山形戦。1度はサヨナラ負けを覚悟しながら相手の判断ミスで命拾いし、延長の末に勝った試合後、お立ち台で馬淵監督はこう言っていた。やけに実感がこもっていたのは、過去にもこの経験をしていたからだ。

それは、02年夏。1度目は高知県大会準々決勝の岡豊戦だった。4対4の同点で迎えた9回裏、明徳義塾の守り。エース・田辺佑介は先頭の一番打者に大飛球を打たれた。打球はフェンスを直撃。二塁打になったが、これがただの幸運ではなかった。

「その前の年まで春野球場は両翼92メートルだったんよ。その年の夏から100メートルになった。3メートル50センチのフェンスがあって、上の50センチが金網。そこに当たったたんよ。前の年やったらサヨナラホームランよ」

次打者を敬遠して無死一、二塁。ここで馬淵監督がしかける。「相手は絶対バントしてくる」とバントシフトをかけたのだ。バントは捕手・筧裕次郎の前に転がる。捕って投げれば併殺だったが、あわてた筧がファンブルしてオールセーフ。無死満塁になった。同点の9回裏無死満塁で打席にはこの試合2安打3打点の四番打者。絶体絶命のピンチだ。

初球、2球目ともに外れ2ボール。そして、3球目。内角のストレートだった。ボール気味の球だったが、打者はこれを打ってどん詰まりのサードゴロ。三塁手の梅田大喜が本塁に送球して一死となった。

「四番なら打っていい場面。でも、詰まるような球打つかってわけよ。田辺は狙って投げたわけじゃない。フォアボールを出しちゃいかんという気持ちでシュート回転して偶然にいった球だった。見逃せばぎりぎりストライクかどうかわからんような球よ。サードの梅田もビビってやっとホームに投げて1アウトや」

一死満塁となり、五番打者の打球はレフトにライナーで上がった。サヨナラかと思われたが、勢いよくタッチアップした三塁走者が途中で止まる。ランナーコーチが「止まれ」と言ったのだ。レフトの沖田浩之からショートの森岡良介につなぎ、再スタートを切った走者を三本間に挟んでタッチアウト。0点で切り抜けた。このピンチを脱した明徳は12回表に2点を勝ち越し。6対4で勝利した。

「あれ以外にもピンチはあった。3度ぐらい死にかけた。最後もあれでタッチアップせず、そのまま三塁におったら2アウト満塁。そのあとどうなったか。野球はわからんね」

2度目は甲子園3回戦の常総学院戦。4対4の同点で迎えた8回表、二死一、二塁のピンチで六番・宮崎渓の当たりはレフト前へのライナーになった。完全にヒットの打球だったが、レフトの沖田が無謀なダイビングをして後逸。2者の生還を許し、4対6とリードされた。

打線は3回から救援した飯島秀明に5イニングを2安打1点に抑えられており、反撃の糸口がつかめない。8回も簡単に二死となり、一番・山田裕貴はサードゴロ。スリーアウトと思われたが、三塁手の横川史学（元巨人）が一塁にワンバウンドの悪送球。二死一塁となると、ここで沖田がライトへ汚名返上の2ラン本塁打を放って同点。さらに森岡もライトへ二者連続となる本塁打を叩き込んで逆転した。

この試合で勢いに乗った明徳義塾は広陵、川之江、智弁和歌山に完勝。初の日本一に輝いた。

「やっぱり、競ったゲームで神様が後ろについとるようなのをやったら強いよね。優勝戦線にいくにはそういうゲームが必要。したくないけど、九死に一生を得たようなゲームよね。常総に勝ったときは、神様が後ろから風を吹かしてくれた」

誰だって、苦しい試合はしたくない。狙ってできるものでもない。だが、そういう試合をものにしたとき、チームに見えない力が生まれる。監督も驚く、信じられない力が働いたとき、優勝のチャンスも生まれるのだ。

第6章

勝つ確率が下がる戦法

——べからず集

馬淵史郎のセオリー**58**
べからず集01

安易に前進守備はしない

「優勝1回損した」と馬淵監督が言う98年夏の甲子園。6対0から逆転負けした準決勝の横浜戦で、継投以外に悔いを残しているのが守備位置だ。

6対4と2点リードで迎えた9回裏。無死満塁で内野に前進守備を指示したのだ。1点は仕方のない場面。1点取られても、まだ1点リードがある。なぜ、前に守ったのか。

「あのときはね、後ろに守らそうかとも思った。迷ったんよ。なんで前に守らしたかいうたらね、流れ的に同点にされたらもう負けやと思ったんよ。向こうが裏だし、松坂が出てきて球場がすごい状態になった。ウチが逃げ切るには、同点にする前に勝たないかんと。それで点はやりたくないと思った」

前日にPL学園相手に17回を投げた松坂大輔はこの日先発を回避。四番・レフトで出場していた。8回裏に4点を返すと、右ひじに貼っていたテーピングをはがしてブルペンへ。9回表に登板し、明徳義塾の攻撃を3人で片づけると、甲子園は横浜の逆転を期待する雰囲気でいっぱいになった。声援も拍手もすべてが横浜を応援しているように感じる。松坂が前日に250球を投げていることを考えれば、「延長でもOK」ぐらいの気持ちで守ればよかったが、馬淵監督にも明徳ナインにもそんな余裕はなかった。

無死満塁で打席に立った後藤武敏（元横浜DeNA）の打球はショートへのゴロ。後ろに守っていれば最低でもひとつはアウトに取れた打球だったが、センター前に抜ける同点タイムリーになった。その後、送りバントと四球で一死満塁となり、最後は柴武志の詰まった打球がセンター前へ。浅く守っていたセカンドの後ろにポトリと落ち、まさかのサヨナラ負けとなった。

「セカンドゲッツーやったら（ショートの）倉繁（一成）は捕ってたなぁ。あのへんが勝負のあやよ。オレも若かったんだろうけど、もうハマってもうて全体を見る余裕がなかった。あとで考えてみれば、守備位置にしても『ちょっと動かしてれば……』というのがあった。今は見えるよ。年齢も試合経験も積んだからね。どんなに（観客に）騒がれても常に全体を見るようにしてる。やっぱり、ハマってしまったらダメやね。監督がハマるんやから選手はハマってしまう。まぁ、正直なところそうだろうね」

この苦い経験があるから、安易に前進守備はしない。イニングや点差を考え、最少失点にとどめるにはどうするかを考えて守る。プロ野球や甲子園でも初回に前進守備をとるチームがあるが、明徳ではそんなことはありえない。

「初回から前進守備をするような人が指導者になっちゃいかんわ。オレが親やったら、そんな監督のもとには絶対入れない」

前日までにどんな試合になるかシミュレーションをして、何点勝負になるか考えるのが監督の仕事。初回から前進守備をするのは、相手が超高校級で1点も取れない投手以外にありえない。「今日は3点取れる」と思っていれば、2点までは取られてもいい守り方をすればいいからだ。守り方を見れば、監督の頭の中や精神状態がわかる。安易な前進守備は後悔のもと。ベンチにいながら、いかに俯瞰して状況を見ることができるか。これが監督の見せどころなのだ。

馬淵史郎のセオリー59

べからず集02

八番打者に四死球を与えない

確実にアウトを取れる打者をアウトにする。これが、勝つための鉄則だ。

高校野球では上位につなげるため、九番に二番も打てるしぶとい打者を置くチームが多い。その場合、八番がそのチームのもっとも弱い打者ということになる。プロ野球の九番・投手のようにアウトを計算できる打者だけに、その打者を出塁させてしまうと失点につながることが多い。

「気をつけるのは、八番から始まるイニングやね。ピッチャーからすれば八番は楽勝というイメージや。リードしてる守備で、こいつをフォアボールなんかで出すと、必ずピンチになる」

走者がいる場面で八番にまわるときも同じ。特に二死で八番を出塁させると、失点につながることが多い。たとえ九番打者をアウトにしても、次の回は一番打者からとなり、相手にいい流れをつくらせてしまうきっかけになる。

「八番を出したら具合悪いよ。『バカ、打つ気もないのに八番を出しやがって』ってことはよくある。だいたいね、八番なんか1球目にストライクを投げたらええんよ。打ってきてもヒットになる確率は少ないんやから。1球目をボールにしたら、訓練されてる学校は、次はほとんど打たない。（カウント）1―1からでもいいと思ってる。それなのにくさい球を投げて、審判と相性が悪かったらボール言われて2ボール。『バカ、真ん中に投げとけ』って話になるんよ」

近年は、打順関係なくファーストストライクをすべて打つようなチームもあるが、それは野球を教えられていない証拠。野球を教えられた学校なら、つなぎ役の打者は2ボールからも当然、ウェイティングしてくる。

「2ボールで精神的におかしくなって、3ボールにしたら、鍛えられてる学校は絶対3―2まで打たないんやから。それで3―2までいくんやけどフォアボール出すんよ。不思議なんよ。そういう流れになってまうんよ。野球をわかってたらね」

馬淵監督が言う通り、明徳義塾が負けた試合を見ると、八番打者への四死球が失点に絡んでいるケースが多い。例えば、11年センバツ1回戦の日大三戦。5対4と明徳リードで迎えた8回裏、一死一塁で打席には八番・投手の吉永健太朗。明徳のエース・尾松義生は2球目に暴投したうえにストレートの四球を与えてしまう。一死一、二塁となり、九番の鈴木貴弘に左中間を破る逆転の2点二塁打を打たれて5対6で敗れた。

「敗因は八番を歩かせて逆転のランナーを出したこと。これが大失敗よ」

15年夏の甲子園1回戦・敦賀気比戦では3対3の同点で迎えた延長10回裏。二死二塁から八番の嘉門裕介に対し、佐田涼介が2球目に暴投したうえにストレートの四球。さらに九番の中井基継にもストレートの四球で二死満塁とし、最後は一番・篠原涼にセンター前にサヨナラヒットを打たれた。篠原は大会後にU－18日本代表に選ばれた好打者。八、九番打者の方が明らかに打ち取りやすい打者だが、なぜその2人に1球もストライクが入らなかったのか。これには、投手の心理が影響している。

「押し出しのフォアボールは意外と八番、九番が多いんよ。クリーンアップなら1球めから打ってくるから開き直って攻めていくやろ。フォアボールを出すとしたら敬遠でもいいぐらい。でも、八番、九番は押し出しにはならん思うて投げるから、余計押し出しになる。精神的なもの。これは高校野球に限らず、昔からそうや。ストライクさえ投げたら打ち取れると思ってるから置きにいく。余計ストライクが入らない。3―0になった時点でフォアボールがよぎる」

敦賀気比戦は押し出しではなかったが、延長でサヨナラのピンチだったことで、佐田に「早く終わりたい」という気持ちが生まれ、馬淵監督の言う通りの精神状態になってしまった。

甲子園初戦29勝4敗を誇る馬淵監督の数少ない初戦敗退の試合は、八番打者への四球が絡んでいる。やはり、やってはいけないことをしてしまうと敗戦につながるのだ。

中途半端なウエストはしない

思わず、ベンチから声を上げた。
「あの、バカが」。02年センバツ準々決勝の福井商戦。5対9とリードされて迎えた7回裏だった。二死二塁と一塁があいている場面で馬淵監督は捕手の筧裕次郎に「歩かせろ」と指示を出した。だが、投球は外角高めの打てるコースに入り、ライト線を破るタイムリー二塁打になった。イニングが終わり、ベンチに帰って来たバッテリーを呼び、馬淵監督は叱りつけた。
「お前ら、バカか。オレが敬遠せえ言うとんのに。あの松坂大輔でさえ、寺本（四郎）を歩かせたんやぞ。寺本なんてたいしたことないのに。あんなボール投げやがって」（98年夏の甲子園準決勝。9回一死から四球）
相手打者の赤土善尚は182センチ、82キロの大型スラッガー。2回戦の津田学園戦で満塁本塁打を含む2本塁打を放ち、大会タイ記録の1試合7打点を挙げている。なぜ、勝負をしたのかというわけだ。

「あとからテレビで見たら、確かに外してる。完全にボールを投げてるんよ。でも、赤土は190ぐらいあって手が長いやろ。届くからカチンと打たれてる。リーチのあるヤツに中途半端に外したらアカンなぁ。もうちょっと外さないかんわ。あれはいい教訓になったね」

プロ野球でも1999年6月12日の阪神対巨人戦で巨人の槙原寛己が阪神の新庄剛志に敬遠球をサヨナラヒットされたことがあったが、同じ外す球を投げるのでも、相手の体格や腕の長さまで考えて外さないとバットが届いてしまう。まして、外す側はボールを投げようと気持ちの入っていない球を投げるのだから、危険だ。

現在は申告敬遠のルールができたため、敬遠のときは心配ないが、様子見の外す球やスクイズ警戒のウエストボールなどには同じことがいえる。中途半端は悪。外すなら、バットが届かない遠くへ大胆に外さなければいけない。

馬淵史郎のセオリー61

べからず集04

下位を打つ投手に打たせない

冷や汗の勝利だった。

2004年夏の甲子園2回戦・熊本工戦。1対2とリードされた明徳義塾は7回表二死三塁のピンチを迎え、打席には八番・投手の岩見優輝（元広島）。この日は2打数0安打、1三振と当たっていなかったが、明徳のエース・鶴川将吾は外のストレートをセンター前にはじき返され、手痛い3点目を許した。その後、打線が粘り、8、9回に3点を奪ってサヨナラ勝ちしたが、負けていたら大いに悔いの残る失点になっていた。試合後のお立ち台で、馬淵監督はこう言っていた。

「ピッチャーは『三振してもいいや』ぐらいの気持ちでくる。あれが怖いんよ」

こちらは安全パイと考える。相手は開き直って思い切ってくる。これが打たれる原因だ。

「バッテリーに打たれるのはいかんねぇ。ピッチャーなんてね、『オレが打たんでも文句言われんぞ』

ぐらいの気持ちでね、気楽に打つわけよ。１球目から打てる球あったら何でも打とうという感じで、かえって積極的になってね。案外嫌なんよ」

馬淵監督の言うピッチャーとは、下位を打つ投手のこと。しかも、明らかに打力のない投手のことだ。

「上位を打ってるピッチャーはあんまり嫌じゃない。やっぱり、こっちも打者として対策するから。八番あたり打ってるピッチャーで、ウェイティングサークルのスイングを見たら、スイングは汚いし、打てそうもないっていうヤツがおるやろ。ああいうのが、ゲームになったら嫌なんよ。プロでもセ・リーグなら言えるんやろうけど、ピッチャーに打たしたらいかんわ。自分が取った点やから、その点ぐらい取られてもいいやろって気持ちになるから。これはキャッチャーにもいえるけどね」

02年夏の甲子園決勝でエースの田辺佑介が本塁打を打ったとき、「ピッチャーのホームランは２倍の価値がある」と言っていたが、それは心理面に好影響があるということ。自分が打って気をよくすることと、自分が取った点数分は取られてもいいという精神的なゆとりが生まれることで、リラックスして投球ができるようになることを指している。

１対７で敗れた19年夏の甲子園２回戦・智弁和歌山戦はまさにこの法則通りだった。１対０とリードして迎えた７回表。６回まで無失点と好投していた左腕・新地智也が、一死走者なしから八番・投手の池田陽佑に二塁打を打たれる。これがきっかけとなり、ファーストのエラーやイレギュラーも絡んでピンチを広げると、そのあとに3本塁打を浴びて一気に7失点。池田は準優勝した前年センバツで6打数1安打、2三振、19年夏の和歌山大会は4打数1安打、19年夏の甲子園も9打数で3三振の打者。きっちり投げればアウトを取れる打者だっただけに、打たれたことが悪い流れを引き寄せてしまった。打たない打者だからこそ、気を抜かず、確実に打ち取る。それが、勝利への条件なのだ。

馬淵史郎のセオリー 62

べからず集 05

捕手はライトからの返球を捕りにいかない

誰もが、サヨナラを信じて疑わなかった。

96年夏の甲子園決勝・松山商対熊本工戦。10回裏、熊本工は一死満塁のチャンスを迎えた。ここで本多大介がライトへのフライ。打った瞬間はライトオーバーと思われた打球が風に押し戻され、ライト・矢野勝嗣のグラブに収まる。それを見て、三塁走者の星子崇がタッチアップからホームへスタートした。飛距離は十分。熊本工の初優勝かと思われた。

ところが、直前に守備固めで入った矢野が本塁へダイレクト送球。捕手の石丸裕次郎がすべり込んできた星子にタッチして判定はアウト。ダブルプレーでピンチを脱した。あの有名な〝奇跡のバックホーム〟だ。矢野の好返球ばかり注目されるが、馬淵監督は捕手・石丸の動きも見逃せないと言う。

「キャッチャーは、レフトとセンターから来る返球は結構引きつけて捕れるんよ。ただ、ライトからの返球だけは、どうしても迎えにいってしまうんよな。不思議やな。ライトフライとライト前ヒットだけはキャッチャーが前に出てしまう。だから、どうしても追いタッチになるんよ。その点、石丸はうまかった。引きつけて、タッチにいったから。あれを捕りにいっとったら、おそらくセーフやった」

レフト、センターからの返球の場合、捕手は走者とボールの両方を視界に入れることができる。走者がどの位置にいるかがわかるため、焦ってボールを捕りにいくことはない。ところが、ライト側を向くと走者が視界から消えてしまう。走者と本塁ベースまでの距離が把握できないため、どうしても気持ちが焦って前に出てしまうのだ。

だが、ホームベース上に構えた石丸は、返球が来てもその位置から動かず、腕を前に伸ばすこともせず、ボールが来るのを待った。セーフならサヨナラ負けの場面にもかかわらず、焦らなかったことが奇跡のアウトにつながった。

「監督として長年経験しよったら、なんでやと思うことがある。だから、選手にも言ってるよ。『ええか、松山商と熊本工の試合ではこういうことがあった。この0・1秒で全国優勝か2番目か変わるんぞ』と。できるできんは別として、普段からそういうことを言って、そういう練習をしてるかが勝敗を分ける。その積み重ねよ」

どれだけ細かい部分に気づけるか。どんなに細かいことでも選手に伝え、それにこだわって練習できるか。地道にコツコツやり続けることが、のちの大きな成果につながる。

馬淵史郎のセオリー63

べからず集06

ファンブルした球は手だけで拾いにいかない

幻の1勝だった。

17年センバツ1回戦・早稲田実戦。明徳義塾が4対3と1点リードし、9回表も二死一塁。エースの北本佑斗は二番の横山優斗にピッチャーゴロを打たせた。馬淵監督も「終わった思うてベンチから立ち上がった」という平凡な打球。ところが、試合は終わらなかった。

正面のゴロを北本がグラブに当ててはじいたのだ。マウンド後方に転がったボールをすぐ拾って投げればアウトのタイミングだったが、ボールが手につかない。セーフにしてしまった。北本は続く清宮幸太郎（現北海道日本ハム）に四球を与えると、野村大樹（現福岡ソフトバンク）には押し出しの四球。同点に追いつかれると、延長10回表に1点を奪われて敗れた。

「1勝損したよ。ピッチャーゴロを捕ったらゲームセットよ。ホンマにああいうことがあるのが野球なんよ。北本に『なんで捕れんかったんや』と訊いたら、『自分でもわからん』と言うとった。あとの清宮までまわしちゃいかんという心理があったか、『しめた』と思ったか。でも、あれはすぐ拾って投げたらアウトや」

打たせた瞬間、「勝った」と思った。はじいた瞬間、「ヤバい」と思った。すぐに投げればアウトとわかっていながら、焦って身体が思うように動かなかった。

「あれは足から捕りにいかないけんのを手だけで捕りにいった。ようあるんよ。外野手がクッションボール間違ったときにもね。気持ちばっかり焦ってるからそうなる。足を運べば、なんてことはない」

手だけでいくと、上体だけ、手先だけで捕りにいくことになる。だが、足を運べば全身で捕りにいくかたちになる。送球動作にも移りやすい。

普段からこのことを伝えている馬淵監督だが、これをやるのは実戦の中だけ。あえてファンブルする練習はさせない。

「県立の熱心な監督あたりがノックでファンブルして拾って投げる練習をしたりするけど、ファンブルする方が悪い。そんな練習したらいかん。それをやったら、普通にもファンブルし出すよ。バッティングでも、よくファウル打つ練習するやん。そしたらね、ど真ん中の球でもファウル打ったりし出す。やりすぎたら悪いクセがつく」

わざわざやるのではなく、とっさにやる習慣をつける。

「練習中でも練習試合中でも、そういうことは結構ある。その都度『あれはいかんぞ』と注意する」対処法を教えたうえで、くり返し言って意識づけをする。無意識にできるようにするまで言うのが監督の仕事なのだ。

馬淵史郎のセオリー64

べからず集07

ノースリーは打ってはいけない

野球には、打ってはいけない場面がある。

20年夏に行われた甲子園交流試合でのこと。中京大中京対智弁学園の試合後、U－18日本代表監督として視察していた馬淵監督と顔を合わせた。まっ先に話題になったのは、中京大中京の中山礼都（現巨人）の打席。先頭打者のカウント3－0から打ったことについてだった（フルスイングをして空振り）。3対0と3点リードの3回裏。出塁が優先される場面だ。いくらプロ注目の打者といっても、打つ場面ではない。ましてや、フルスイングなど必要ない。

「天下の中京がなぁ。あの得点差でそんなことするか。それもボールの球よ。ああいう野球をしよったら、高校野球のレベルが下がるというか、ミーハーな野球になってまう」

もちろん、明徳義塾ではこんなことはありえない。普段から野球を教えていることに加え、自分勝手なプレーは戒められるからだ。

「ランナーなしのときにあるとしたらドラッグバントぐらいなもんで、サインなんてめったにない。ただ、ランナーなしでも『絶対監督を見ろ』という不文律があるわけよ。それはカウント2—0、3—1のとき。これは待てが出るから。3—0は無条件で待て」

3—0でも打っていいサインもあるが、出るとしたら走者が溜まった状態で信頼できる打者にまわったときだけ。それも、点差による。「打て」のサインが出るのは1年に数回だけだ。無走者の3—0で打つなど明徳ではありえない。

「3—1で待って3—2になっても『フォアボール出しそうやな』というときがあるわけ。2—0なんかで打ったら怒ったるよ（笑）。九番バッターあたりがね、2アウトで2—0で打つヤツがおるわけよ」

そういう選手がいる場合、馬淵監督は呼んで、なぜ打ってはいけないかを説明する。そもそも、打てないから九番打者なのだ。

「お前がなんで九番かわかるか？　2—0と2—1でどれだけ条件が変わるんよ。そんなに大きく変わるんか？　そんなに変わらんやろ。それなら1球待たんかい。下位打線の場合、ピッチャーは『フォアボール出しちゃいかん。ストライクさえ投げたら打ち取れる』っていうプレッシャーがあるわけよ。待てが出てるのがわかっとるがゆえにフォアボールを出してしまうんや」

セオリー59（209ページ）でも触れているが、この心理が下位打線に押し出しを与えてしまう原因になる。打力もない。打ってこない。抑えて当然。そんな気持ちがかえって投手を投げにくくするのだ。

「だからオレは、相手にわかってもええから『待っとかんかい！』ってベンチで大声出したりするときもあるよ」

相手の心理はどうなのかを説明し、なぜ打ってはいけないのかを教える。確率と心理。それが野球の面白さ。場面ごと、選手ごとに何をやるべきなのかを理解させることが大事。この作業を怠らないから、明徳義塾は勝てるのだ。

馬淵史郎のセオリー65

べからず集08

前の打者が初球でアウトになったら初球は打たない

3球でスリーアウト。

近年は高校野球でもこんな場面を見る。監督に「ストライクは全部振れ」と言われ、狙っていない球でも手を出してしまうことが原因だ。よくとらえれば積極果敢だが、悪くとらえれば野球を知らない、何も考えていないといえる。もちろん、馬淵野球ではこんなことはありえない。

「野球じゃないよ。初球でアウトになって次のヤツが初球打ったらオレは代えるね。交代。そんなの明徳の野球じゃない」

好投手相手に球数を少なく、スイスイ投げられてしまえば勝ち目はない。勝つためには、少しでも球数を稼ぎ、疲れさせて後半勝負に持っていくことが必要だ。

「三者凡退でも、1イニングに最低でも15球以上投げさせろって言うね。3―2まで持っていったら、

6球投げさせることになる。3人で18球よ。そこでファウルでも打ってくれたらいい。『3回で70球ぐらい投げさせたらその試合勝ちや』と言ってるんよ」

初球やボール先行のバッティングカウントで、打ちやすい球が来るのは百も承知。だからといって、場面や状況、点差やイニング、打者ごとの役割を考えずに、すべて打つのはナンセンスだ。野球は9イニング勝負。目の前のことばかりでなく、トータルで考えることが必要。球数を稼ぐ人、出塁する人がいて、チャンスがつくれれば積極的にいく。得点を取るのが目的であって、やみくもに打つのが野球ではない。

「野球はヒットの打ち合いじゃない。それがわかってるのかってこと」

甲子園レベルの好投手を打ち崩すのは難しい。じっくり、じわじわと攻めることも必要。打てないときに、どうするのか。勝ち続けるためには、積極的という言葉に踊らされてはいけない。負けない野球とは何かを知らなければいけないのだ。

馬淵史郎のセオリー66 べからず集09

三塁走者はライナー、フライで飛び出さない

打った梅山和希は走りながらガッツポーズをしていた。

96年夏の甲子園2回戦・新野戦。3対4とリードされた明徳義塾は9回裏一死一、三塁のチャンスを迎えた。三番・梅山がストレートをとらえると、打球はセンター前へのライナーになった。センターの福良徹（元広島）が懸命に前進する。ダイビングして白球をグラブに収めた。審判の判定はワンバウンド。新野の抗議も実らずヒットとなった。

ところが、この打球で同点にはならなかった。三塁走者だった投手の吉川昌宏が還れなかったのだ。ライナーで飛び出してしまい、タッチアップもできず。大ボーンヘッドだった。これで流れが悪くなり、後続がセカンドライナー、ショートフライに終わって敗退した。

「信じられない走塁ミス。ただ、吉川は足が遅い。ピッチャーだからあまり走塁練習はさせてません」

試合後はこう言っていた馬淵監督は、このプレーをこうふりかえる。

「あれはまいったよなぁ。ライナーバックやのに。吉川がヒットや思うて飛び出して、（三塁に）帰って、（本塁に）行こうとしたけどやめたんや。センターが飛び込んどるから、タッチアップしてれば同点になっとる。よう忘れんわ」

この失敗は今でも教訓。選手たちには甲子園でこういうプレーがあったと説明し、一、三塁の走塁練習をしている。ライナー、フライは必ずタッチアップ。打球が落ちてからスタートしても間に合うし、新野戦のように外野手の捕球の仕方によっては浅くても本塁を突けるからだ。

「三塁ランナーがハーフウェイをするときは満塁のインフィールドフライのときやね。落としたらホームに還れるから。特にショートの後ろのフライとかね」

この試合に勝っていれば、次の相手は松山商だった。松山商は〝奇跡のバックホーム〟でこの大会を制するが、明徳はこのときの松山商に負けたことがなかった。

「松山商はウチが負けて手叩いて喜んだらしいよ。あれ、勝ってればなぁ……」

走者が投手というのは言い訳にならない。同じミスをしないためには、できるまで説明し、くり返し練習するのみ。取れる点は確実に取らないと一生後悔する。それを身に染みて感じているのが馬淵監督なのだ。

馬淵史郎のセオリー67　べからず集10

中途半端な指示はしない

「迷ったんだな。そのとき」

馬淵監督がそうふりかえるのは99年夏の甲子園2回戦・長崎日大戦。5対5で迎えた11回裏だった。一死三塁とサヨナラのピンチを迎え、伝令を送る。伝えたのは、この言葉だった。

「勝負か、満塁策か、お前たちで決めろ」

それを聞いた捕手の井上登志弘は「逃げたくなかった」と勝負を選択。ところが、三木田敬二の球は内角高めに抜け、井上のミットに当たって一塁ベンチ方向へ。この間に三塁走者が還って、サヨナラ負けとなった。試合後、馬淵監督はこんなコメントを残している。

「私自身が迷っていた。一瞬迷ったのが選手たちの動揺を誘ってしまった」

なぜ、迷ってしまったのか。馬淵監督にはっきりした記憶はないが、相手の先発投手が予想と違ったこと、相手にデータが渡っていてかなり研究されていたことなど、嫌なムードで戦っていたことは事実。この経験が教訓になっている。

「よう忘れんわ。監督がろいろいしたら（※土佐弁で右往左往するの意味）わかるよね。どうしても選手にうつるよね。今はこんなことすることないね。敬遠なら敬遠、勝負なら勝負。中途半端にアウトロー攻めろなんて言うと、それが真ん中に入って打たれるのがオチやからね。迷わずはっきり言う」

監督が迷えば、それが選手に伝わってしまう。腹をくって決断するしかない。

「特にスクイズで同点にされるようなケースははっきり言うね。『スクイズで同点はOKやから勝負せえ。スクイズされたって成功するかどうかわからんのやから絶対勝負やぞ』とか、『同点OKやから後ろに守れ』とかね。端的にわかりやすいようには言ってる」

中途半端は悪。迷うのも悪。はっきりと指示を伝え、あとは見守るだけ。勝敗の責任は監督が取らなければいけない。

馬淵史郎のセオリー68

べからず集11

相手の失敗を成功にしない

野球に「たられば」はないが、どうしても考えてしまう。「もし、あれがアウトだったら……」高校野球の歴史は変わっていた。

98年夏の甲子園準決勝・横浜戦。6対4とリードした明徳義塾の9回裏の守り。無死一、二塁から横浜の二番・松本勉の送りバントはキャッチャー・井上登志弘の前に転がった。井上は素早く捕球して三塁に送球するが、これが高めに逸れてしまう（記録は野選）。うまくいけばダブルプレーで二死となったはずが、一転して無死満塁とピンチが広がってしまった。

「あれは向こうのバント失敗なんよ。失敗して『しめた』と思って目の前のボールをサードに投げてもうた。ストライクならアウトよ。あれがいいバントならファーストに投げて1アウト二、三塁だった」

一塁があいていれば打者への攻め方にも余裕が出る。無死満塁で明徳内野陣は前進守備を敷いたが、二、三塁なら守り方が変わっていたかもしれない。そうすれば、次の後藤武敏のショート横へのゴロがセンター前に抜けることもなかったかもしれない。となると、決勝で無安打無得点を達成した松坂大輔の伝説も……。

「向こうが失敗したから『しめた』と思ってこっちがミスした。向こうの失敗を成功にしてしまった。そういうときは負けよ。もちろん、逆もあるわけよ。ウチがバントしました。正面にいって失敗しました。ピッチャーが暴投放ってくれたとかフィルダースチョイスになったとか。これはもう勝ちパターンよ」

失敗を成功にする典型例がエラーやフィルダースチョイス。野球は塁が4つでアウトが3つ。アウト1つと引き換えに1つずつしか進めなければ点は入らないようになっている。

「4アウト、5アウトで試合しよったら何点でも入るで。打ち取った打球をエラーするのもそうやけど、九番に2ストライクからデッドボールをぶつけるとかいうたらエラーと同じよ。そうなると4アウト。相手に点をやるようなもんよ。逆に守ってるときにけん制アウトは超ラッキーよ。塁上死は絶対ダメやね」

本書にも他の例が多く出てくるが、すべては「相手の失敗を成功にしてしまうか」どうか。これさえしなければ、大崩れはしない。だから、細かい部分にこだわって練習するのだ。

馬淵史郎のセオリー69　べからず集12

監督は欲をかかない

たった1球で流れが変わる。それが野球の怖さだ。

馬淵監督が忘れられないのは02年夏の高知県大会準々決勝・岡豊戦。4対0とリードした5回表の攻撃だった。無死一、二塁で打席には五番の田辺佑介。投手ながら打撃のいい田辺に馬淵監督は「打て」のサインを送った。ところが、田辺の打球はセカンドゴロでダブルプレー。追加点を奪えなかった。

「バントさせればいいのに打たしたんよ。ゲッツーで点が入らず、『あー、流れ変わったかな』と思ったら、案の定、5回裏に2点取られて4対2。それでグラウンド整備よ。なんかすっごく重苦しい雰囲気になった」

7回裏に2点を失い同点にされると8回裏は一死三塁、9回裏は無死満塁と絶体絶命の状況に追い込まれた。延長12回の末に勝ったからよかったものの、ここで負けていれば日本一はなかった。

「5点目を確実に取りにいってたらなぁ。5点目を取っとったら下手したらコールドになっとった。ああいうことがあるんよ。流れは怖いよ。よう忘れんわ」

この教訓があるから、選手には流れについて口酸っぱく言う。

「こういうことはミーティングで常に言うとかないかん。こっちがビッグチャンスでミスしたときは相手に流れがいく。そうすると、2ナッシングから変化球がすっぽ抜けてインコースへいってデッドボールを当てるとか、何でってことが起こる。あんまり知りすぎても『そうしちゃいかん』という気になるのかもわからんけど、そうなってしまう。ピンチのあとのチャンス、チャンスのあとのピンチ。野球って不思議。ホンマ不思議議」

もちろん、馬淵監督自身も気をつけている。

「勝ってるときは無難な攻めにしてしまうね。流れ変えたくないから。終盤2点ぐらい勝ってるときに、いい気になって『エンドラン決めたろう』なんて思うたらね、ダブルプレーになったら流れはコロッと変わる。点が入らなくても流れに沿って、欲をかかない。絶対欲かいたらいかんね。つくづく思うな」

調子に乗って流れに逆らうと、とんでもないしっぺ返しがくる。監督は常に流れを意識して采配をしなければいけないのだ。

馬淵史郎のセオリー70 べからず集13

余計なことは言わない

馬淵監督が、今も後悔しているひとことがある。

98年夏の甲子園準決勝・横浜戦のことだ。前日に延長17回を完投したため、松坂大輔は先発せず。控え投手を打ち込んで7回まで6対0とリードした。「勝ったと思ってたばこ吸いよった（笑）」と言う馬淵監督だが、8回表の円陣で選手たちにあえてこんな言葉をかけた。

「横浜はこのまま終わるチームじゃない。このまま終わると思うなよ」

相手は春夏連覇を狙う王者・横浜。常々「勝ったと思った瞬間、負ける」と言っていた馬淵監督だけに、自然と出た言葉だった。

ところが、試合は指揮官の言葉通りの展開になる。8回裏、先頭打者のショートゴロを倉繁一成がはじいたのをきっかけに4点を失うと、9回裏にも3失点。まさかの逆転サヨナラ負けを喫してしまったのだ。

「気を引き締めろという意味で言ったんやけど。3点差、2点差、1点差……となっても、『監督の思った通りや』となるようにな。ところが、かえって落ち葉を幽霊に見てしまった。夜見たら『幽霊が出た』やけど、朝見たら落ち葉だったたっていうようなもんよ。それがまた横浜の強さなんだろうけどね」

横浜は強い。そう思ったことで相手を大きく見てしまった。落ち葉を幽霊に見たうえに、逆転を期待する観客の大声援。自ら崩れ、流れに呑み込まれてしまった。もし、あのひとことを言わず、余計な意識をさせていなかったら……。「優勝1回損した」という気持ちは消えない。その経験があるから、今は余計なことは言わないように気をつけている。

「『そんなプレーしたら負けてしまうぞ』とかね。試合中はあんまり言わん方がええわ。練習や練習試合では言うた方がええけど、公式戦はやっぱり黙って見過ごしてやることも大事だね」

人間はよくないイメージが湧くと、そちらに引っ張られてしまうもの。パフォーマンスが落ち、すべてがマイナスの方向に向かってしまう。そうならないためにも、あえて片目をつむり、見逃してやることが必要なのだ。

第7章

リーダーの仕事

馬淵史郎のセオリー71

格上相手にはギャンブルを厭わない

負け方を考えるか。一か八かで勝負に出るか。

格上相手の試合に臨む際、そこに監督の覚悟が表れる。

「無難にいくんやったら試合の格好になるでしょうけど、勝つか負けるかいうことになったら、ある意味ギャンブル的なこともやらないと」

16年夏の甲子園準決勝・作新学院戦。その秋のドラフトで埼玉西武に1位指名される今井達也を相手に、馬淵監督はギャンブルに出た。初戦、2戦目で四番を打っていたライトの脇屋紀之に代え、五番に1年生の谷合悠斗を起用したのだ。

ところが、この起用が裏目に出る。谷合は1回裏一死満塁でまわった第1打席でショートゴロ併殺打。3回表の守備では先頭打者・山本拳輝のライト前ヒットをはじいて二塁進塁を許すと、一死一塁から四番・小林虎太郎のライトへのフライを捕れず（記録は二塁打）、一塁走者の生還を許してしまった。3回裏の第2打席は一死一、三塁でライトフライ。5回裏の第3打席は見逃しの三振に倒れ、途中交代となった。

「谷合は練習ではレフトを守りよった。谷合をレフトに使うときは西村（舜、レフトのレギュラー）をライトに使ってたんよ。甲子園はレフトがフォローの風やから、難しいと思ってライトに置いたら、その日はライトにフォローの風や。そういうふうに悪い方に出るときは負けよ。1年生やし、あいつには守備は難しいというのは百も承知でギャンブル的に出してるわけよ。その代わり、打ってくれよと。ところが、あいつがチャンスで打てなかった。ゲッツー。もう、インケツよ。そうなったら勝負事はいかんね。オレもパッと切り替えればよかったけど、あの打順で使ったヤツを1打席いかんからって代えれんわね。それやったら使うなってことやから」

この試合、馬淵監督は5点勝負と読んでいた。谷合はレフトへ強い浜風の吹く甲子園では有利な右のパワーヒッター。5点以上取るための起用は実らなかったが、「覚悟のもとで出した」と言う馬淵監督に悔いはない。

格上を相手にするとき、いつも通りやっても結果は見えている。いつもと同じ戦い方で接戦をしても負けは負け。それなら、成功する可能性は低くても、一か八かの勝負をかける。

「当然ですよ。それが監督の仕事や。1パーセントでも確率の高い作戦を考えるのが監督の仕事。格上とやるときは、向こうの思い通りにならないような野球をすることやろうね。どっちかいうたら、横綱相撲をやりたいわけやからね。がっぷり四つに組んだら差が出る。だから、あれっと思わすような野球をやる。自分たちのプレースタイルにないようなね」

裏目に出た結果、大敗に終わっても仕方がない。それが、勝負をした結果だからだ。

「そらそうですよ。当然ですよ。そのハラが決まってないなら監督やるべきじゃない。だって、負けたら監督が批判されるんやから。負けてもええ思うてやるんなら、監督やめた方がいい」

勝敗の全責任は監督が負う。批判覚悟のギャンブルができないようでは、格上相手に勝負はできないのだ。

馬淵史郎のセオリー72

落ち着かせるために座って円陣を組む

試合中、選手たちが守備から帰って来るたびに組まれる円陣。流れが悪いとき、馬淵監督はしばしば座らせて話をする。

「だいたい負けてるときやね。ちょっと落ち着きがないなとか、妙に浮ついてるとき、普段通りの野球ができてないときにやる。ムードを変える、流れを変えるためやね。目線をいっしょにして、『お前ら落ち着け』と言ったりする。座らせてはやるけど、特別なことを言ってるわけじゃないよ」

目線を合わせ、選手たちの表情を見るという意味合いが強い。

「上から目線じゃなしに、いっしょの目線になってやるのは大事なことやと思うね。落ち着きがないと観客席を見るヤツがおる。試合に出てても、キョロキョロするヤツがおるんよね。これは集中してない証拠。本当に集中してたら雑念がない。球場も観客も一切関係なくなるもんやけどね」

かつては、甲子園で1球投げるごとにマウンドでよける動作をする投手がいたという。

「『何よけてんのや』って言ったら、『見えません』って。『見えないのによく投げてんな』って言ったけど（笑）」

それぐらい舞い上がってしまう選手もいるということ。では、キョロキョロしている選手がいたら、どうしたらよいのだろうか。

「そういうときは、普段通り、『コラァ』って怒った方がええね。やさしくするより、『しゃんとせぇ』って言った方がだいたい、いい。まぁ、性格によるけどね。叱る方がいいヤツとあんまり叱ると萎縮するヤツがおるから。あとは頭の悪いヤツはあんまり怒っちゃダメだね。ウロがくる。わけわからんようになる。頭のいいヤツは怒られて何で怒られたか理解できるけど、頭の悪いヤツは『一生懸命やってんのに、何でオレ怒られてんねん』ってなるから。そういうヤツには、『こうこうこうやから、こうやったらいかんで』とか、わかりやすく説明してやらんといかんね。これは、試合でも練習でもいっしょ。指導者は使い分けをせないかんね。親にもならないかんし、兄貴にもならないかんし、鬼にも仏様にもならないかん。長年やっとったら引き出しが増えるよね。引き出しが少なかったらいかん」

たとえ試合中でも、表情を見て、性格や頭まで考えて声をかける。それがベテランの味。監督はそれぐらい冷静でなければいけない。逆にいえば、監督が冷静だから、選手も冷静になれるのだ。

馬淵史郎のセオリー73

マスコミを利用する

松井を5敬遠して以来、常にマスコミに囲まれる馬淵監督。何か言えば、記事になる。馬淵監督もそれがわかっているから、あえて出したい情報を出す。もはや常套手段ともなっているのが、相手が気になることを言うことだ。

00年のセンバツ1回戦の相手は、エースで主砲の亀井義行（現巨人）を擁する上宮太子。優勝候補同士の激突といわれた。140キロ台の直球を持ちプロ注目といわれた亀井に対し、馬淵監督はこんなコメントを出した。「亀井はけん制がうまくない」。これを聞き、意識した亀井は、初回から走者を出すとセットポジションの時間を長くした。走られないようにとの工夫だったが、これがいつものリズムを崩すことになった。二番の田山国孝に三塁内野安打を許すと、三番の清水信任には右中間に三塁打を打たれてあっさり失点。結局、15安打9失点と本来の力を出せないまま終わった。

03年夏の甲子園1回戦・横浜商大戦でも相手エース・給前信吾に対し、「給前はけん制が苦手。一塁に出たらかきまわしますよ」とジャブを打っている。明徳打線は給前に5回まで無安打に抑えられたが、6回裏に先頭の沖田浩之が四球で出たあとは塁上をにぎわせ、6回から8回の3イニングに6安打を集中させて4点を奪って逆転勝ちした。

12年夏の甲子園では、準々決勝の倉敷商戦に勝ったあとのお立ち台で、準決勝で当たる大阪桐蔭・藤浪晋太郎（現阪神）に対し「クセはわかっている」と発言。それを新聞で見た藤浪が「僕のどこのクセがわかってるんですか」と西谷浩一監督に訊いている。プロ野球ではヤクルト時代の野村克也監督が、オリックスとの日本シリーズを前にマスコミを使ってイチローへの内角攻めを宣言して意識過剰にさせたことがあったが、馬淵監督はもはやその域だ。

「マスコミにわざと言う？　言うときもあるし、言わんときもあるよ。まぁ、マスコミは敵にするより、絶対うまく使った方がいいに決まってる。高校野球もオレみたいな監督がおってもええんよ」

星稜戦ではさんざん叩かれ、マスコミに悪役にさせられた馬淵監督。当時は敵だったマスコミを味方にしている。

馬淵史郎のセオリー74

見るポイントを教える

走者一塁で盗塁のサインがありそうなとき。馬淵監督は相手の走者の動きから目をそらさない。

「あんまり教育されてないチームは、サインが出た瞬間に目を切って無意識にセカンドベースを見るんよ」

二塁ベースに視線を送る一瞬を見逃さなければ、盗塁に備えることができる。監督が気づいてウエストのサインを出すこともできるが、選手自身でそれができるように教えていく。

「教育されてるチームは、ランナーのその動きを見てるわけ。キャッチャーなんかが何気なくね。だから、教育されたチームとやるときはそれを逆に利用する。二塁ベースを見ればウエストするから、ボールひとつ稼げる」

相手にわかるように二塁ベースを見る〝演技〟をする。そうやってボールを投げさせれば、策をしかけやすいカウントをつくることができる。知識があり、相手がどんなチームかを知っておけば、そんなかけひきができるのだ。これが、野球の持つ間の魅力。その面白さに気づけば、興味が出て、自分から他のことにも気づくようになる。そういう選手が増えれば強い。馬淵監督はそんな選手が出てくるのを待っている。

馬淵史郎のセオリー75

危険信号を見落とさぬよう観察する

「泣きごと言うなら野球をやるな」

馬淵監督が常々選手たちに言う言葉だ。04年夏の甲子園・熊本工戦では先発して降板した2年生の松下建太（元埼玉西武）に対し、「スライディングしてひじが痛いと言ってる。オレが選手なら3年生を差し置いて投げてるのにそんなこと言えないよ」と言っていたし、10年秋の神宮大会・鹿児島実戦では1対4で迎えた5回裏無死二、三塁で三塁ファウルフライに倒れた北川倫太郎（元楽天）に対し、「デッドボールで足が痛いのかもわからんけど、明徳の四番なんだから、はいつくばってでも打たなアカン」と言っていた。傍から見て、厳しいように聞こえるかもしれないが、そうではない。

「当たり前や。野球選手が1年間、どっこもおかしくない状態でゲームやるなんかありえない。どっかはちょっとした故障を持ちつつやるのが野球選手。それとどうつきあっていくか。これ以上はチームに迷惑かけるいうんやったら、『絶対言うてこな、いかんぞ』とは言ってるけどね」

そうは言っても、選手は「ここが痛い。あそこが痛い」とは言いにくいもの。まして部員が100人を超える明徳義塾なら、故障で離脱している間に別の選手が出てきてしまう。監督が「大丈夫か?」と訊けば「大丈夫です」と言うし、「いけるか?」と訊けば「いけます」と言うのが高校生だ。

「だから監督は見ないかん。ブルペンのピッチングでも何気なく見とったら必ず信号が出てる。それを見て『お前、ちょっとおかしいやろ。やめとけ』って。試合前に見つけて、急遽先発を代えることもしょっちゅうある」

異変を感じた場合は、たとえ招待試合でも遠征には連れていかない。休養を命じる。故障してからでは遅い。故障する一歩手前でストップをかけるのだ。

「やっぱり、キャッチボールで投げてるボールを見たらわかる。ボールが一番正直。だから監督は見とかないかんのよ。監督の見立てが悪かったらいかん。医者といっしょよ。ガンを見落としてしまう」

年齢を重ね、ノックなどをコーチに任せることも多くなった馬淵監督だが、グラウンドからは目を離さない。観察して、変化を探すようにしている。厳しいことを言い、多少の無理を強いる以上はそれが監督の責任。選手を故障から守るのは監督の仕事なのだ。

馬淵史郎のセオリー76

相手が格下のときほど渋い表情をする

「今日は勝てそうな相手だ」

選手も監督も、どうしても相手の名前を見て判断しがちだ。だが、高校野球はトーナメント。ちょっとした油断が命取りになる。スキを見せないために、馬淵監督が意識しているのは表情だ。

「神奈川国体のときに、木内（幸男、常総学院元監督）さんとホテルがいっしょで、たばこ吸いながら2時間も3時間もいろんな話を聞いたんよ。そのときに、『今日の試合は絶対勝てるって相手のときは、朝から苦虫をかみつぶしたような顔しとけ。今日はちょっと勝ち目ないと思ったらニコニコ笑って、いけーって言ってやらせ』って教えてもらった」

それ以来、意識しているという。

「思い当たるような節もあってね。今日は相手が弱いなと思ったら、コラァという顔しとるよ」

これと似たようなことを済美の上甲正典元監督からも聞いた。上甲監督といえば、甲子園のベンチでの〝上甲スマイル〟が有名だが、普段は正反対の厳しい指導。仲がよく、そのギャップを知っているだけに上甲監督の姿を馬淵監督は笑わずにはいられない。

「上甲さんは『鏡見て口角を上げる練習せえ』って言ったけど、オレはニコニコできないんよ。でも、上甲さんの笑いなんか見え見えの作り笑いよね。普段とんでもないのにファインプレーしたら選手を抱きしめるんやから。『オヤジ、演技すんなよ』と思っとった（笑）。それでも選手はうれしいもんなんかな」

ウラオモテがなく照れ屋な馬淵監督。だからこそ演技はできない。だが、やはり勝負師。ニコニコはできなくても、気を引き締めることはできる。選手たちに絶対油断はさせない。表情から、取りこぼしを防ぐ雰囲気をつくっている。

馬淵史郎のセオリー77

選手を鍛えたうえで任せる

「まぶっつぁんも、やっと気づいたな」

02年夏の甲子園決勝で明徳義塾に敗れた智弁和歌山の髙嶋仁元監督の言葉だ。なぜ、髙嶋監督はそう言ったのか。それは、決勝戦後の馬淵監督の優勝インタビューにある。

「今大会は選手に任せようと思いました。自分でやれる仕事の範囲は限られてると思いまして、ベンチも守りのときは自分は座って、『みんなに任すぞ』というかたちで任してやったんです。辛抱たまらなくなってですね、立ち上がりたくなることもあったんですけど、ぐっと我慢して座っておった」

そう、選手に任せることを覚えたのだ。馬淵監督はこうも言っている。

「今までは監督が野球をやりすぎとったね。監督の能力で選手を駒のように動かそうと考えてたら間違いなんよ。駒にはならん。将棋やったら歩は成金までやけど、高校野球では歩が角になったり飛車になったりもする。もちろん逆もあるんやけどね。だから、計算したようにはならない。ただ、任せられるようになるまで選手を鍛えないといかんよね。鍛えてもないのに任すいうんは勝てるはずがないんよ」

近年の高校野球は監督の指導よりもスカウティングで勝敗が決まっている。好素材を集め、食事やウエートトレーニングで身体をつくり、あとは自由にやらせる。細かい指導をする指導者は少ない。その自由を「のびのびやらせる」「選手に任せる」と表現する人がいるが、それは間違い。放任であり、無責任なだけだ。

「練習イコール訓練。訓練を普段からしとかないかん。例えば、ノーアウト三塁なら普通はゴロストップよ。でもボテボテのゴロで還れる当たりは還らないかん。そのジャッジは三塁ランナーしかわからんのよ。（カウント）3―1、3―2でヒットエンドランでボールかストライクかという球が来たとき、『1個分ボールやから打たないかん。このボールなら打ったらいかん』『今日の審判やったらストライクゾーンが広いからこの球は打っとかないかん』というジャッジは選手なんよ。その訓練をいかにグラウンドでやっとくかどうか。いきなり言うて、『ボールやろうが。なんで振るんや』じゃないんよ」

馬淵監督の求める技術や判断は難しい。一朝一夕にできるものではない。プレッシャーのかかる公式戦でとっさに正しい判断をするためには、普段の実戦練習で回数を積み重ねるしかない。

「だから練習のときは失敗ＯＫ。『今の当たりだったらオレの足じゃ無理だったな』とか『ピッチャーの頭を越えた瞬間に行っとけば間に合ったな』とかね。そういうことを毎日訓練しとるかどうか。やかましく言うてるかどうかよね」

優勝した02年のチームはそういう判断ができる選手がいた。初戦の酒田南戦では3回表に先頭打者の一番・山田裕貴が振り逃げで一気に二塁を陥れる走塁を見せた。さらに一死三塁から森岡良介のピッチャーゴロで投手が一塁に送球した瞬間に本塁に走る好走塁で1点をもぎ取った。準決勝の川之江戦では3回裏一死二、三塁から森岡の一、二塁間へのゴロ（記録は一塁内野安打）で二塁走者の沖田浩之が一気にホームインした。

「あの代はそういうことができる選手がそろってたよね。どの監督だって失敗する。プロの監督だって試合中にしょっちゅう失敗するんだから。でも、勝つときはそれを選手が取り返してくれる。帳消しにしてくれる。監督の力で勝ったいうんは年間で何試合もないんよ。特に甲子園なんてそうよ」

練習で徹底的に教え、鍛えるからこそ、選手に任すことができる。ここ一番で選手が監督の期待以上の働きをしたとき、大会中に予想以上の成長をしたときチームに勢いが生まれる。それが快進撃につながるのだ。

馬淵史郎のセオリー**78**

27個目のアウトまであきらめない

9回裏二死走者なし。得点は3対5。

「よく『負けたとは思わんかった』って言うやろ。そんな気持ちはさらさらない。正直、負けたと思った」

馬淵監督がそうふりかえるのは91年夏の高知県大会1回戦・伊野商戦。監督に就任した初めての夏の大会の初戦だった。〝あと1アウト〟で2点差。さすがの馬淵監督も観念した。

「いやー、オレは高校野球をなめとったわと思ったね。ノンプロの監督でそこそこ実績残したから、『高校野球なんて……』っていう気持ちが多少あったわけよ。あれもね、それまでに同点にするチャンスが2回ぐらいあったんよ。『あそこでスクイズでもやっとったら、こんな試合になってなかったのに……』って後悔ばっかり残ってるわけよ」

ところが、ここから反撃が始まる。一番の杉山智男がカーブをレフトスタンドに運んで1点差。2番の松下良士がファースト後方にポトリと落ちる二塁打で続くと、捕逸と四球で一、三塁になった。ここで伊野商ベンチが伝令を送る。このタイムを利用して、馬淵監督は次打者の津川力（元ヤクルト）を呼んだ。

「あの頃はね、冷えたポカリスエットを飲んで栄養つけるとかいう時代よ。クーラーボックスから取って缶をあけて、『津川、1杯飲んでけ』と言ったら、緊張しとったんやろうね。ごくっと一口しか飲まない（笑）。『バカ。全部いけや』って」

馬淵監督は津川のお尻をポンと叩いて送り出した。審判の「プレイ」の声がかかり1球目。ストレートが真ん中低めにきた。津川が思い切り叩いた打球はレフトスタンドへ。がけっぷちに立たされたチームを救う逆転サヨナラ3ランになった。

「奇跡やね。ホント奇跡。でも、ああいうことがあるのが野球なんよ」

セオリー57（201ページ）の通り、九死に一生を得たチームは強い。これで勢いに乗った明徳は準決勝で創部以来6戦全敗だった天敵・高知商を初めて破ると、決勝では追手前を2対0で退けて甲子園切符をつかんだ。馬淵監督にとって、初めての甲子園出場。もし、あのとき負けていたら……。逆に、楽に勝っていたら……。今日の明徳義塾も、馬淵監督もなかったかもしれない。

それから24年後の15年夏。馬淵監督はまたしても〝あと1アウト〟を経験した。高知県大会決勝の高知戦。7回まで5対0と楽勝ペースだったが、8回裏に一挙6失点してひっくり返された。9回表は一死から佐田涼介、古賀優大（現東京ヤクルト）が連打するが、キャプテンの高村和志がライトフライで二死一、二塁。〝あと1アウト〟の場面で代打に送られたのが2年生の西村舜だった。背番号は20。この大会初打席だった。西村は1球ボールのあと、2球続けて真ん中の球を見送って追い込まれる。〝あと1アウト〟どころか、〝あと1球〟の土俵際に立たされた。

カウント1—2からの4球目。高知の左腕エース・鶴井拓人が投げたのは外角への直球。これが捕手・栄枝裕貴（現阪神）の構えたミットよりも中へ、高く入った。西村はこれを見逃さずバット一閃。打球は右中間を深々と破る三塁打となり2者が生還。7対6と逆転した。

「西村はベルトの高さを2球見逃して、『うん、うん』とうなずいとった。『バカヤロー』って言いよったんよ。1—2からなんであそこへ投げたんかね。手をちょうど伸ばしたら右中間へいくようなとこへ。外に投げたんが中へ入ったんやろうけど。あと1球いうシチュエーションやったから、あそこで甘くなったんかもわからんね。まぁ、打った西村はすごいわ」

ただ、試合はこれで終わらなかった。その裏、高知も反撃。明徳は二死一、三塁のピンチを迎えた。同じように甲子園まで〝あと1アウト〟の状況。だが、明徳ナインは落ち着いていた。一塁走者の盗塁に備え、ショートの高村が二塁ベース寄りに守る。最後は代打の池本智輝が二塁ベースの左へ痛烈な打球を放つが、高村が横っ飛びで捕球。二塁ベースカバーの藤本彪雅にトスして逃げ切った。

「高村は2メートルほど寄っとったんよ。それが功を奏した。27個目のアウトを守って勝った。実は9回表の攻撃で高村のところに代打も考えたんよ。代打を出してたらあの守備はなかったかもわからん」

〝あと1アウト〟から1球で、一瞬の決断で勝敗が変わる。それが野球。

「やっぱり、早く終わらせたいという気持ちがあるんだろうね。監督も選手も1秒でも早く終わりたい。一方は1秒でも長く試合をやりたいという気持ち。そういう精神的なものに左右されるんやろうね。昔から言うやろ。徒然草にも木登りの話があるよね。高い所では自分で気をつけるからケガをせん。残り1歩とか簡単なところで大ケガをすると（※『高名の木登り』の話）。危険なことをやってるときは集中してるからケガせんけど、もう終わりやと気の緩みが出たときにケガするってこと。練習中のケガも不思議と練習の始めには起きないね。終わり頃に起きる。あれはどういうことなのかと思うよね」

脳には自己報酬神経群というごほうびへの期待をモチベーションとする機能があり、「これで終わり」と思った瞬間に「もうこのことは考えなくていい」と判断してしまうため、パフォーマンスが低下してしまう（詳しくは拙著『なぜ「あと1アウト」から逆転されるのか』竹書房刊を参照）。脳の機能は人間なら誰もが同じ。そうならないよう普段から訓練するしかない。

「マラソンで途中勝っとっても意味がない。先にゴールせないかん。だから、ダッシュのときでもうるさく言ってるよ。『最後の1歩で決まるんじゃ』って」

どんな状況でも、やるべきことに集中し、やりきること。最後の最後まであきらめないこと。〝あと1アウト〟からでも、「さあ、ここからだ」と思えたときに、奇跡は起きるのだ。

馬淵史郎のセオリー79

ユニフォームはボタンなしのかぶり式

胸には大きく「明徳」。紺の縦じまのユニフォームは甲子園ですっかりおなじみになった。

「文字は相撲字。ストライプは太平洋の波をモチーフにしてる。文字が島で、黒潮に浮かぶ島というイメージでつくってるらしい」

馬淵監督就任以前からこのデザインだが、実は、監督になったとき、変更を考えた。

「オレは変えたかったの。まっ白で胸には紺で『M』一文字。超シンプルやけど生地はいいものにしてね。なんか子供にシマのユニフォームってどうかなと思ったわけよ。それとやっぱりベースボールやからアルファベットの方がスマートかなと思ってね。学校にお願いしたんやけど、『それだけはやめてくれ』って。当時の四国にはストライプのユニフォームはなかったから」

デザイン変更は断念したが、馬淵監督のこだわりは実現した。ボタンで留めるユニフォームから、ボタンなしのかぶり式のユニフォームに変えたのだ。

「この方がスマートな気がしてね。阿部企業のときもそうやったんよ。V襟でかぶりというのは、あの頃は斬新やった。おしゃれでいいと思ったんよ。明徳はなんでも一番先をいかないかんと思ってるわけ。なんでも大阪や神奈川の学校やなくてね。ウチのグラコン（グラウンドコート）はね、普通に見えるかもわからんけど、ものすごく生地がええやつにしとる。やるんやったら一番ええものにせないかんという考えで先、先をやってるつもり。かといって練習の内容はそうでもないんやけど（笑）」

近年は文字をプリントにしたユニフォームが流行りだが、明徳の大きな文字は刺繍だ。その理由は「カッコいいから」。プリントの方が軽いが、安っぽく見える。機能性よりカッコよさ。見た目を重視するのが馬淵監督なのだ。

「明徳のユニフォームは遠巻きに見たらアイボリーに見える。遠くにいたらシマが見えない。それもおしゃれかなと。東海大相模みたいな太い線じゃない。どっちかいうとピンストライプに近いわね。オレは昔から大リーグはニューヨーク・ヤンキースが好きなんよ。監督やってたビリー・マーチンが大好きなんよ。そういう点じゃ、シマのユニフォームも悪くないなと思ったりしてな（笑）。今は明徳のユニフォームはカッコいいって言われ出したから。定着したかなって思ってる」

勝てばカッコよく見えるのがユニフォームというもの。いまや甲子園で明徳のユニフォームを見ないと物足りない気すらする。ひと目見て「明徳」とわかることこそ、積み上げてきた実績の証明なのだ。

馬淵史郎のセオリー80

ゲンをかつぐ

12年夏の甲子園準々決勝・倉敷商戦で勝った試合後、馬淵監督はお立ち台で突然星占いの話を切り出した。携帯電話の占いサイト。自身のいて座のページをチェックするのを日課にしていた。

「今日のラッキーカラーはピンクやったんよ。どっかにないか探しよったら、倉敷商業のブラスバンドのタオルの色がピンクやった」

勝てるなら、なんにでもすがりたくなるのが勝負師というもの。実は、馬淵監督は多くのゲンをかつぐ。

「星占い？　あれは面白半分で何かないかなと思ってやるだけ。でも、ゲンはかつぐよ。同じストッキング履くし、同じ下着を着る。大会中は爪を切らない。散髪に行かない。あれ、不思議やな。爪切ったら必ず負ける。爪が長いのはすごく気になる方やから、甲子園行く前に必ず短く切っていくんやけど、1、2回戦勝ったら伸びてくるやん。切りたいなと思って、『ええ、切ってまえ』と思うたら負けるんよ。もちろん、伸ばしとっても負けるときもあるけど。優勝したときは切らんかったよ。散髪も行かんかった」

これだけでも大変なこだわりだが、実は、これら以上に力を注いでいることがある。それは、通り過ぎる車を見ること。

「試合前に霊柩車とすれちがったら100パーセント勝つな。あとはナンバーが『461』の車と会ったときは100パーセント勝つ。『461』は『シローイチ』や。神宮で優勝したときも必ず461の車とすれちがった。それも同じ車じゃないんよ。信号で止まったときに見つけて、コーチ連中に『461とすれちがったぞ。絶対勝つぞ』って言うたから。そしたら逆転で勝った。何気なく見てまうんやけど、昔からホント不思議と100パーセント勝つよ」

それなら自分の車のナンバーを「461」にすればいいと思うのだが……。

「カッコ悪いやろ(笑)。オレは『7730』。星野仙一、川上哲治、水原茂……。これまで何度か買い換えてるけど、ずっと監督の背番号や。たまたま来た車が『7730』。それからずっと甲子園に行きよるわけ」

ちなみに、02年に全国優勝したときの馬淵監督の年齢は46歳。46歳で日本一。シローイチ——。これを偶然と見るか、必然と見るか……。

「野球でも競輪でも競馬でも、なんでも勝負事って全部数字やろ。数字をバカにしたらいかん」

信じる者は救われるのだ。

馬淵史郎のセオリー81

ご先祖様を大事にする

確かに、「馬渕」だった。それが、いつからか「馬淵」になった。馬淵監督の新聞表記の話だ。実は、これには深い理由があった。

馬淵監督は旧姓を中本という。中本家の3男として誕生。男ばかりの3兄弟だった。馬淵監督の父親は一人息子。母親は2人姉妹の妹。馬淵姓だった母親の姉は先に結婚しており、中本家に嫁入りすると馬淵家は消滅してしまうことになる。これが問題だった。

「馬淵家は跡取りをどうしてもほしいと。田舎やから家をつぶしたらいかんというのがあったんやね。おふくろが養子を取らないかんかった。親父は、結婚してできた子供におふくろの家督を継がせるという約束でいっしょになったらしい。だから、オレはガキの頃から『お前はある程度の年になったら馬淵家を継いでくれ』と言われてた」

社会人野球の阿部企業で監督を務めていたとき、そろそろ名字を変えようということになった。ところが、これが簡単ではなかった。神戸地方裁判所に行くと、「できません。中本のままで馬淵の家督を継いでください」との返事。暴力団などが財産目当てで認知症のお年寄りと養子縁組するなど犯罪の可能性があるからとのことだった。

「名前を変えることがご先祖様のため。これがせめてものオレの仕事やからと事情を説明した。裁判所の人もわかってはくれたんよ。でも、『法律上それはできません』と」

弱った馬淵監督は田舎の役場に勤める同級生に連絡した。都会の人より田舎の人の方が家の重みがわかる。親身になって考えてくれ、知恵をつけてくれた。

「オレの親父とおふくろを1回離婚させておふくろを馬淵の姓に戻せと。それでオレがおふくろについていったかたちにしろと。離婚してオレが馬淵になって、半年後に親父とおふくろはまた結婚したわけよ（笑）」

母親は中本に戻ったが、馬淵監督は馬淵のまま残った。紆余曲折あったが、これで晴れて馬淵史郎が誕生したわけだ。便宜上、仕事場などではこれまで通り中本で通したが、戸籍上は馬淵になった。これが86年のことだ。

「それからや、勝ちだしたのは。運が向いてきたのは。名字を変えた年に阿部企業で都市対抗に初出場、日本選手権で準優勝や」

阿部企業をやめ、地元の愛媛に帰って宅配便の運転手をした。そのときも中本で生活していたが、87年にコーチとして明徳義塾に赴任したのを機に馬渕を名乗るようになった。ただ、この時点ではマブチはマブチでも「馬渕」だった。

「淵ってややこしいやん。あんな字。どうでもええと思って、簡単な馬渕でやってたわけよ。そしたら、おふくろに『ご先祖様に申し訳ない。ちゃんとした字、先祖伝来の字を使え』と言われてね。それで変えたんよ。マスコミにも『フチは淵の字ですから馬渕ではなく、馬淵にしてください』って言ってね」

漢字表記を変更したのは02年。そして、その夏、明徳義塾は甲子園で初優勝を果たした。セオリー57(201ページ)で紹介しているように岡豊戦や常総学院戦など、何度も絶望の淵からはい上がっての日本一だった。

「優勝した年。あの年なんよ。ホントの話よ。ご先祖様が後ろから背中を押してくれたんかなと思ったりもしてよ。おふくろにもそうやって言われたよ。昔から養子は出世するというけど、ご先祖様を大事にして家督を継ぐというのは、なんかあるんかもわからんね」

勝ち方を見ると確かに神がかっている。馬淵監督の言う通り、見えない力が働いたのかもしれない。だが、偶然そのタイミングになっただけともいえる。

「名字が変わったときに阿部企業で勝った。漢字を変えたときに優勝した。ホントのホントやから。

マラドーナやないけど、オレは神の子かもわからん（笑）」

やっぱり、信じる者は救われる。ご先祖様を大切にすると必ずご利益があるのだ。

馬淵史郎のセオリー **82**

棚から落ちてくるぼた餅を取る準備をする

馬淵監督ほど、困難が多かった高校野球監督は少ないのではないだろうか。それぐらい次々と大変なことがふりかかってきた。92年夏に松井秀喜を5敬遠したあとのバッシング、98年夏の横浜戦の大逆転負け、05年夏の不祥事による甲子園開幕直前での出場辞退、監督として1年間の謹慎処分。甲子園から遠ざかる間には妻の智子さんが大病を患った。「なぜ、自分ばかりに……」。そう嘆きたくなっても仕方がない。だが、馬淵監督はそのたびに立ち向かってきた。

「人生はね、いろんなことがあるんよ。人に言えんようなね。女房が病気のときが一番つらかった。そのときはオレもやせてな。自分が病気になった方がええと思ったよ。野球の神様がオレに与えた恩寵的試練やと思うしかないよな。『我に七難八苦を与えたまえ』。山中鹿之助の心境やな。それと『憂きことのなおこの上に積もれかし限りある身の力試さん』。ガキの頃からよう聞いたね」

馬淵監督が引用したこの言葉は、江戸時代の儒学者・熊沢蕃山の歌。「つらいことよ、もっともっとわが身にふりかかってこい。自分の力に限りはあるが、精一杯、頑張るぞ」という意味だ。

「耐えるんやね。グッと歯を食いしばって耐えるしかないときはあるもん。人をうらまずやるしかない。オレは松井を敬遠してバッシングされた。だいたいそこでぼしゃるんよ。でも、『今に見とれ。絶対旗取ったる』って。あれがエネルギーになったな。やっぱり、人生はね、ええことばっかりじゃないから。けどね、逆から言うたら悪いことばっかりもないんよ。地道にやっとけば必ずいいことはある」

こんなとき、馬淵監督が必ず言うのが「棚からぼた餅」の話だ。

「棚からぼた餅って、幸運がいきなりやってきたっていう例えで使うけど、そうじゃないんよ。棚からぼた餅を拾えるのはね、棚に一番近いヤツだけ。落ちてくるかどうかわからんけど、棚に近づく努力をする。棚に近づいたら手を上げてるヤツが一番先に取れるんや。いつどうなっても準備できる位置におらないかん。『いつ落ちてくるかわからんのに、準備なんかできるか』って後ろで腕組みしてるヤツは、一生ぼた餅なんか拾えんのよ。全国優勝なんてできんと思ってやってるヤツは全国優勝はないんよ。できんかもわからんけど、やったろうという気持ちのヤツが運よくできるんやな。人生にもいえることよね」

耐えることも必要だが、じっとしているだけではいけない。いつ何があってもいいように準備をしておくことが大切なのだ。

「やっぱり、日々前向きに努力することしかないね。後ろ向きになってツキがまわってきたというのは考えられない。前向きに生きてるヤツに運がまわってきて、それをつかんだときに壁は乗り越えられるんじゃないかな」

逃げずに前を向き、準備に手を抜かない。これが馬淵監督の生き方。馬淵流の壁を乗り越える方法なのだ。

馬淵史郎のセオリー83

ヒール役に徹する

「明徳の悪口書くなよ」

取材中や取材後、馬淵監督に何度かそう言われたことがある。そのたびに、こちらはこう返すようにしている。

「僕が書かなくても、もう悪者になってるじゃないですか」

プロローグで触れた92年夏の星稜戦。松井秀喜を5敬遠して以来、馬淵監督はヒール役にされた。6対0から大逆転負けを食らった98年夏の横浜戦は甲子園のスタンドが完全に敵だった。相手が大スター・松坂大輔だったとはいえ、「横浜頑張れ」よりも「馬淵負けろ」という感情が大きいように感じられた。05年夏は甲子園入りし、抽選会まで終わってから部員の喫煙と暴力行為があったことが発覚して出場辞退。馬淵監督自身も1年間の謹慎に追い込まれた。

「甲子園っていうのは、独特のあれがあるわね。あの頃の明徳はまだ松井の5敬遠を引きずってた。ダーティーというか、甲子園の嫌われ者のイメージがあったからね。はっきり言ってね。不祥事だって、今考えればあんな大事ではなかった。時代とともに連盟も変わりつつあるからね」

こんな目に何度も遭っているからだろう。冒頭の言葉以上に多く聞いたのは次の言葉だ。

「敬遠したばっかりに、オレは高校野球界のタイガー・ジェット・シンかデストロイヤーかと思われとる」

悪役プロレスラーの名前を出したあとにだいたい続くのは、マスコミへのぼやき。「Xという記者の名前は一生忘れん」と言うのも複数回聞いた。

「悪役の美学と書かれた。オレのイメージ、悪役というのはマスコミがつくりあげた。オレの徳のなさよ」

敬遠という作戦を批判されるのならまだしも、監督の人格を否定されるのだからたまらない。しかも、そのつくられたイメージが何年も続くのだから、言われた方はやっていられないだろう。

なぜ、そこまで言われなければいけないのか。おそらくは、馬淵監督の性格にある。当時は現在の本人が認める通り、「若かったし、生意気」だった。

「34歳で監督になって、すぐに連続で甲子園に行ったんやから。旗（日本一）も近いと思った。のぼせとったね。高慢ちきに見えたと思うよ」

それに加えて、ひとこと多いタチでもある。例えば、「長い時間の取材になりますが……」とことわったうえで受けてくれた取材のときも、行ってみると「オレは長い取材は嫌いや。早く終わらせろ」。終わったら、「今日はしゃべりすぎた。のどが痛い」。だが、これぐらいは普通だ。

食事に連れて行ってくれたときは、こんなのもあった。学校からお店まで車移動。馬淵監督の車が先導してくれ、こちらは後ろからついて行った。ところが、明徳義塾があるのは超のつく山奥。ガードレールもなく、ちょっと気を抜けば転落しそうな細いカーブが続く。通り慣れている馬淵監督とは違い、こちらは普段はほとんど車に乗らないペーパードライバー。すぐに車間距離があいてしまう。そのたびに止まってくれたり、横道に逸れて間に入った車を先に行かせたりと気を使ってくれたのだが、着いたときにはこう言われた。

「お前のせいでいつもより15分は余計にかかったわ」

誤解しないでほしいのは別に怒っているわけでも、嫌味を言っているわけでもないということ。ただ単に思ったことを言っているだけで、決して悪気はない。そういうキャラクターなのだ。馬淵監督の人柄を知らない人は理解できないかもしれないが、わかっている人なら理解できるはず。結局、馬淵監督の悪口を書く人は、馬淵監督がどんな人かがわかっていないだけなのだ。

ただ、あれだけ嫌な思いをさせられたのに、あれだけ愚痴をこぼしているのに、馬淵監督がマスコミに媚を売っているのは見たことがない。甲子園に出てくる監督にはいろんな人がいる。自分のことをよく書いてもらおうと普段とは違う態度になる人、さかんに自分の手柄をアピールする人……。馬淵監督にはまったくそれがない。お立ち台でも自然体。ジョークを交え、新聞の見出しになりそうな話題を提供する。そこに詳しい野球解説やプチ自分自慢なども入るから、記者たちは釘づけ。軽快なトークは〝馬淵節〟といわれ、試合後のお立ち台は人だかりだ。最後まで馬淵監督を囲む人数は減らず、現在の高校野球監督ではナンバーワンの人気になっている。

年を重ね、「のぼせ」から丸くはなったが、基本的な性格は変わっていない。マスコミに対するスタンスも変わっていない。悪役といわれようと、迎合せず、ぶれずに自分らしさを貫いた結果、周囲の見る目が変わり、ヒール役から人気監督となった。

誰だって自分の悪口は言われたくない。だが、相手を変えようとしても変わらない。何を言ってもわからない人はわからないのだ。それなら、自分ではどうにもならないことに気を取られるより、自分らしくいた方がいい。

「オレは高校野球を真剣に一生懸命やってるんだけどな。『我が為すことは我のみぞ知る』でいいんよ。別に認めてもらおうと思ってやってるわけじゃない。言いたいヤツには言わせておけ。どうせ書いてるのは野球のわからんヤツや」

ＳＮＳが全盛の社会になり、承認欲求の強い人が増えた。周りに何を言われるか、どう見られるかを気にして生きている人が多いなか、馬淵監督は自分らしさを貫くことと結果で周りに認めさせたのだ。

近年は、取材のたびに「いつまで監督をやるのか」という話題になる。16年夏の甲子園のお立ち台では「65歳でやめる」と言っていた。17年の取材時にその話を振ると、こう言っていた。

「65歳まで？　63歳でやめたい。１００回大会までは最低やりたいけど、来年ぐらいで引退しようかな」

63歳どころか、65歳を超えている。おまけにU－18日本代表の監督まで引き受けた。やめる気配はまったくないといっていい。

こう書けば、「あいつがこう言ってるから、やめるか」と言うのが馬淵監督の性格。それを承知のうえで、こう書きます。

いつまでも、監督でいてください——。

まだまだ明徳野球を見せてくれること、そして馬淵節を聞かせてくれることを楽しみにしています。

２０２１年２月20日

田尻賢誉

馬淵史郎　甲子園監督成績

1991年（平成３年）夏	1回戦	○	6対0	市岐阜商（岐阜）	
	2回戦	●	5対6	沖縄水産（沖縄）	
1992年（平成４年）夏	2回戦	○	3対2	星稜（石川）	
	3回戦	●	0対8	広島工（広島）	
1996年（平成８年）春	1回戦	○	3対0	福井商（福井）	
	2回戦	○	6対4	浜松工（静岡）	
	準々決勝	●	1対6	岡山城東（岡山）	
1996年（平成８年）夏	1回戦	○	12対0	常葉菊川（静岡）	
	2回戦	●	3対4	新野（徳島）	
1997年（平成９年）春	1回戦	○	5対3	国士舘（東京）	
	2回戦	●	0対6	上宮（大阪）	
1998年（平成10年）春	2回戦	○	6対0	京都西（京都）	
	3回戦	○	5対4	常総学院（茨城）	
	準々決勝	●	2対3	PL学園（大阪）	延長10回
1998年（平成10年）夏	1回戦	○	6対5	桐生第一（群馬）	延長10回
	2回戦	○	7対2	金足農（秋田）	
	3回戦	○	5対2	日南学園（宮崎）	
	準々決勝	○	11対2	関大一（北大阪）	
	準決勝	●	6対7	横浜（東神奈川）	
1999年（平成11年）春	1回戦	○	3対2	滝川二（兵庫）	延長10回
	2回戦	●	1対5	海星（三重）	
1999年（平成11年）夏	1回戦	○	9対1	栃木南（栃木）	
	2回戦	●	5対6	長崎日大（長崎）	延長11回
2000年（平成12年）春	1回戦	○	9対3	上宮太子（大阪）	
	2回戦	○	8対7	四日市工（三重）	
	準々決勝	●	5対12	鳥羽（京都）	
2000年（平成12年）夏	1回戦	○	3対0	専大北上（岩手）	
	2回戦	●	4対9	PL学園（大阪）	
2001年（平成13年）夏	1回戦	○	10対0	十日町（新潟）	
	2回戦	●	1対2	習志野（千葉）	
2002年（平成14年）春	1回戦	○	7対4	金光大阪（大阪）	
	2回戦	○	7対2	福岡工大城東（福岡）	
	準々決勝	●	8対10	福井商（福井）	
2002年（平成14年）夏	1回戦	○	5対0	酒田南（山形）	
	2回戦	○	9対3	青森山田（青森）	
	3回戦	○	7対6	常総学院（茨城）	
	準々決勝	○	7対2	広陵（広島）	
	準決勝	○	10対1	川之江（愛媛）	
	決勝	○	7対2	智弁和歌山（和歌山）	優勝
2003年（平成15年）春	2回戦	○	6対0	斑鳩（奈良）	
	3回戦	●	4対8	横浜（神奈川）	延長12回
2003年（平成15年）夏	1回戦	○	4対1	横浜商大（神奈川）	
	2回戦	●	1対2	平安（京都）	

2004年（平成16年）春	1回戦	○	10対0	桐生第一（群馬）	
	2回戦	○	4対2	八幡商（滋賀）	
	準々決勝	○	11対6	東海大山形（山形）	
	準決勝	●	6対7	済美（愛媛）	
2004年（平成16年）夏	1回戦	○	15対2	盛岡大付（岩手）	
	2回戦	○	4対3	熊本工（熊本）	
	3回戦	●	5対7	横浜（神奈川）	
2008年（平成20年）春	1回戦	○	3対1	関東一（東京）	
	2回戦	○	3対2	中京大中京（愛知）	延長10回
	3回戦	●	1対3	沖縄尚学（沖縄）	
2010年（平成22年）夏	1回戦	○	6対2	本庄一（埼玉）	
	2回戦	●	2対8	興南（沖縄）	
2011年（平成23年）春	1回戦	●	5対6	日大三（東京）	
2011年（平成23年）夏	1回戦	○	3対2	北海（南北海道）	
	2回戦	●	3対9	習志野（千葉）	
2012年（平成24年）夏	2回戦	○	3対2	酒田南（山形）	
	3回戦	○	4対0	新潟明訓（新潟）	
	準々決勝	○	4対1	倉敷商（岡山）	
	準決勝	●	0対4	大阪桐蔭（大阪）	
2013年（平成25年）夏	2回戦	○	2対1	瀬戸内（広島）	
	3回戦	○	5対1	大阪桐蔭（大阪）	
	準々決勝	●	3対4	日大山形（山形）	
2014年（平成26年）春	1回戦	○	3対2	智弁和歌山（和歌山）	延長15回
	2回戦	○	3対2	関東一（東京）	
	準々決勝	●	5対7	佐野日大（栃木）	延長11回
2014年（平成26年）夏	1回戦	○	10対4	智弁学園（奈良）	
	2回戦	●	3対5	大阪桐蔭（大阪）	
2015年（平成27年）夏	1回戦	●	3対4	敦賀気比（福井）	延長10回
2016年（平成28年）春	1回戦	●	1対7	龍谷大平安（京都）	
2016年（平成28年）夏	2回戦	○	7対2	境（鳥取）	
	3回戦	○	13対5	嘉手納（沖縄）	
	準々決勝	○	3対0	鳴門（徳島）	
	準決勝	●	2対10	作新学院（栃木）	
2017年（平成29年）春	1回戦	●	4対5	早実（東京）	延長10回
2017年（平成29年）夏	1回戦	○	6対3	日大山形（山形）	延長12回
	2回戦	●	1対3	前橋育英（群馬）	
2018年（平成30年）春	2回戦	○	7対5	中央学院（千葉）	
	3回戦	●	1対3	日本航空石川（石川）	
2019年（令和元年）夏	1回戦	○	6対4	藤蔭（大分）	
	2回戦	●	1対7	智弁和歌山（和歌山）	
2020年（令和２年）春	中止				
交流試合					
2020年（令和２年）		○	6対5	鳥取城北（鳥取）	

馬淵史郎 まぶち・しろう

1955年11月28日、愛媛県出身。
三瓶高、拓殖大卒。現役時代は内野手として活躍。
松山物産、松山ガスで野球部部長を務めたのち、82年に神戸・阿部企業でコーチに。
83年より監督を務め、就任4年目で都市対抗初出場、日本選手権準優勝。
87年に明徳義塾高コーチ、90年に監督就任。91年夏に甲子園初出場。
92年夏の星稜戦では松井秀喜を5敬遠し、世間のバッシングを受ける。
98年から2005年まで夏の高知県大会8連覇。甲子園に連続出場し、
98年夏4強、02年夏に初優勝を飾って、04年は春4強。上位の常連に。
10年から17年まで、再び夏の高知県大会8連覇し甲子園へ。
12年夏、16年夏ともに4強。
堅守が持ち味のチームをつくり、相手の心理を考えた細かい野球を実践。
野球の知識を選手に植え付け、データを使った確率重視の戦いを見せる。
20年にはU−18日本代表監督にも就任している。

明
德
KOCHI

田尻賢誉 たじり・まさたか

スポーツジャーナリスト。1975年12月31日、神戸市生まれ。学習院大卒業後、ラジオ局勤務を経てスポーツジャーナリストに。高校野球の徹底した現場取材に定評がある。『智弁和歌山・髙嶋仁のセオリー』、『日大三高・小倉全由のセオリー』『龍谷大平安・原田英彦のセオリー』(小社刊)ほか著書多数。講演活動も行っている。「甲子園に近づくメルマガ」を好評配信中。無料版はQRコードを読み取って空メールで購読可能、有料版はQRコードを読み取って登録を。

タジケンの
無料メルマガは
こちらから

タジケンの
有料メルマガは
こちらから

明徳義塾《めいとくぎじゅく》・馬淵史郎《まぶちしろう》のセオリー

勝《か》つ確率《かくりつ》を上《あ》げる法則《ほうそく》83

2021年3月25日　第1版第1刷発行

著　者　田尻賢誉《たじりまさたか》

発行者　池田哲雄

発行所　株式会社ベースボール・マガジン社

〒103-8482 東京都中央区日本橋浜町2-61-9 TIE浜町ビル

電話 03-5643-3930(販売部)

03-5643-3885(出版部)

振替 00180-6-46620

http://www.bbm-japan.com/

印刷・製本　広研印刷株式会社

ISBN978-4-583-11335-7 C0075